COLECCIÓN "CAMINO DE SANTIDAD"

EL HOMBRE Y LOS CAMINOS

El Diseño Divino y La Elección Humana

VICTOR M. ROMERO C.

ISBN: 979-8-9937568-0-6
Diseño de cubierta y edición: Victor Manuel Romero Celis
Impreso en los Estados Unidos de América

Para contacto, colaboraciones o acceso a contenido adicional, escanee el código QR en la contraportada.

"Bienaventurado el varón que no anduvo en consejo de malos,
Ni estuvo en camino de pecadores,
Ni en silla de escarnecedores se ha sentado"

(Salmos 1:1)

ÍNDICE GENERAL

SECCIÓN IV: EL TRANSPORTE
La Ayuda Necesaria

DEDICATORIA

A Dios, mi Padre, que me encontró cuando no sabía que estaba perdido, que me enseñó a caminar cuando mis pasos temblaban, y que me dio propósito cuando todo parecía sin sentido.

Este libro nace de Tu paciencia, Tu fuego y Tu ternura. Que sea instrumento de restauración, y que cada lector sienta que Tú también lo estás llamando.

Gracias por confiarme esta palabra. Te la devuelvo como semilla, como canto, como camino.

"Y habrá allí calzada y camino, y será llamado Camino de Santidad; no pasará inmundo por él, sino que él mismo estará con ellos; el que anduviere en este camino, por torpe que sea, no se extraviará." (Isaías 35:8, RVR1960)

Introducción: Fundamentos del Recorrido Espiritual

Cada ser humano transita caminos. Algunos son visibles, como los senderos físicos que recorremos con los pies; otros son invisibles, como las decisiones, pensamientos y convicciones que trazan la ruta de nuestra vida.

Desde el momento en que el hombre fue creado, ha estado en movimiento: desplazándose, explorando, eligiendo. Sin embargo, no todo camino conduce al destino correcto, ni todo andar refleja el propósito divino.

Este primer Libro, El Hombre y los Caminos, establece el fundamento de un recorrido espiritual profundo. Aquí se explora quién es el hombre, por qué fue creado y cómo sus cualidades lo capacitan, o lo limitan, para transitar los diversos caminos que se le presentan. Se examinan los tipos de camino —acuáticos, aéreos, terrenales, personales y espirituales— no solo como realidades físicas, sino como metáforas vivas de la experiencia humana.

A lo largo de esta reflexión, se revela una verdad esencial: el hombre, por sí solo, no está plenamente equipado para recorrer ciertos caminos sin ayuda. De allí surge la necesidad de un elemento divino: el transporte.

Este concepto, desarrollado hacia el final del libro, introduce una revelación transformadora: el Espíritu Santo es el medio por el cual el hombre puede superar sus limitaciones y avanzar hacia el destino eterno que Dios ha preparado.

Este libro propone un recorrido por los distintos caminos que el ser humano transita, con especial énfasis en el camino espiritual —el Camino de Santidad— que conduce a la comunión con Dios.

Este camino no es una idea ni una práctica aislada: es una Persona. Jesucristo dijo: "Yo soy el camino" (Juan 14:6). Al declarar esto, no solo se presenta como el acceso al Padre, sino como el modelo de vida que debemos seguir. Caminar en santidad es seguirle, imitar su carácter y permitir que el "yo" sea transformado en "Cristo en mí" (Gálatas 2:20).

Esta transformación no ocurre por esfuerzo humano solamente, sino por la disposición del corazón y la obra del Espíritu Santo, quien forma en nosotros la imagen del Hijo (Romanos 8:29). Él es el transporte divino, el poder que nos lleva, el fuego que nos purifica y la fuerza que nos eleva.

Porque todos nuestros caminos están ante los ojos de Jehová, y cada vereda que tomamos es considerada por Él. Este es el primer paso en el Camino de Santidad: un viaje que transforma, purifica y conduce a la cima del encuentro espiritual.

Victor Manuel Romero Celis

Sección I

EL HOMBRE

El Diseño Divino

"Cuando veo tus cielos, obra de tus dedos, La luna y las estrellas que tú formaste, Digo: ¿Qué es el hombre, para que tengas de él memoria, Y el hijo del hombre, para qué lo visites?"
(Salmos 8:3-4)

Sección I: El Hombre – El Diseño Divino

En esta primera sección contemplaremos al hombre tal como Dios lo concibió: su origen, su propósito, su diseño y su libertad para elegir. A través de cuatro capítulos, descubriremos:

El Hombre Creado con un Proceso Singular – cómo su formación fue distinta a la de cualquier otro ser viviente.

El Hombre Creado con Propósitos – la razón por la que fue puesto en la tierra.

El Hombre Creado con un Diseño Divino – las características que reflejan la imagen de su Creador.

El Hombre Creado con Libertad para Elegir – cómo el libre albedrío ha influido en su relación con Dios.

Esta sección no es solo un estudio teológico, sino una invitación a redescubrir la dignidad y el valor que Dios otorgó al ser humano desde el principio.

Capítulo 1

EL HOMBRE CREADO

Con un proceso Singular

EL HOMBRE CREADO

Con un proceso Singular

La expresión "el hombre" no se refiere únicamente al ser humano de género masculino. En muchas ocasiones, se utiliza para señalar al individuo humano en general, sin distinción de género, abarcando tanto a varones como a mujeres. Esta expresión también establece una distinción entre los seres creados que habitan en la tierra, siendo "el hombre" una categoría de ser viviente muy diferente a los animales que habitan en el mar, en los cielos o sobre la superficie terrestre.

La diferencia entre el hombre y los demás seres vivientes se fundamenta en cuatro aspectos esenciales: el proceso como fue creado, su propósito, sus cualidades y su libertad personal. Estos elementos no solo revelan su lugar especial dentro del orden creado, sino que también definen su naturaleza.

El Hombre Creado en un Proceso Singular

La singularidad del proceso de la creación del hombre puede ser observada desde varios aspectos tales como: hecho con sus manos, hecho con su soplo y hecho en su tiempo.

Creado con sus Manos

Según las Escrituras Sagradas, específicamente en el primer capítulo del libro de Génesis, se observa un lenguaje que distingue el acto creador de Dios para cada tipo de ser viviente, en relación con su medio ambiente. Por ejemplo, el surgimiento de las aves, los peces y los grandes animales marinos se describe así:

"Dijo Dios: Produzcan las aguas seres vivientes, y aves que vuelen sobre la tierra, en la abierta expansión de los cielos. Y creó Dios los grandes monstruos marinos, y todo ser viviente que se mueve, que las aguas produjeron según su género, y toda ave alada según su especie. Y vio Dios que era bueno. Y Dios los bendijo, diciendo: Fructificad y multiplicaos, y llenad las aguas en los mares, y multiplíquense las aves en la tierra." (Génesis 1:20–22)

Aquí, el verbo "producir" es clave. Dios ordena a las aguas que generen vida, y el texto reafirma que "las aguas produjeron" los seres vivientes. La acción divina es indirecta: Dios habla al medio, y el medio responde.

Lo mismo ocurre con los animales terrestres:

"Luego dijo Dios: Produzca la tierra seres vivientes según su género: bestias, serpientes y animales de la tierra según su especie. Y fue así. E hizo Dios animales de la tierra según su género, y ganado según su género, y todo animal que se arrastra sobre la tierra según su especie. Y vio Dios que era bueno." (Génesis 1:24–25)

Aquí, nuevamente, Dios ordena a la tierra que produzca vida, y la tierra obedece. El patrón es claro: el medio produce según el mandato divino.

Pero cuando se trata del hombre, el lenguaje cambia radicalmente. Dios no ordena a la tierra ni al agua que lo produzca. En lugar de eso, Dios toma acción directa:

"Entonces dijo Dios: Hagamos al hombre a nuestra imagen, conforme a nuestra semejanza..." (Génesis 1:26)

Y luego:

"Y creó Dios al hombre a su imagen; a imagen de Dios lo creó; varón y hembra los creó." (Génesis 1:27)

Aquí, los verbos "hacer" y "crear" reemplazan el verbo "producir". Esta diferencia no es casual: revela una intención especial, una dedicación única. Como si Dios hubiera hecho al hombre con sus manos. El hombre no fue simplemente producido por el medio; fue formado por Dios mismo, a Su imagen y semejanza.

> *El acto de "Hacer" y "Crear" implica Cercanía, Propósito y Afecto*

Este cambio en el lenguaje no solo marca una diferencia técnica, sino que revela una intención relacional: Dios no solo crea al hombre, sino que se vincula con él. El acto de "hacer" y "crear" implica cercanía, propósito y afecto. El hombre es obra directa de Dios, no producto secundario del entorno.

El Apóstol pablo ratifica este hecho diciendo:

"Porque somos hechura suya, creados en Cristo Jesús para buenas obras, las cuales Dios preparó de antemano para que anduviésemos en ellas" (Efesios 2:10)

Y cuando dice "de antemano" se refiere desde el momento de la creación:

"Bendito sea el Dios y Padre de nuestro Señor Jesucristo, que nos bendijo con toda bendición espiritual en los lugares celestiales en Cristo, según nos escogió en él antes de la fundación del mundo, para que fuésemos santos y sin mancha delante de él..." (Efesios 1:3-4)

Con un Proceso Singular

Creado desde el polvo de la Tierra

Otro hecho que no se debe pasar por alto en el proceso de la creación del hombre es lo que está escrito en el segundo capítulo de Genesis:

"Entonces Jehová Dios formó al hombre del polvo de la tierra, y sopló en su nariz aliento de vida, y fue el hombre un ser viviente" (Genesis 2:7)

En este versículo, el escritor describe el proceso de la formación del hombre resaltando dos puntos: Origen y Contenido.

El origen de la formación del hombre esta expresado sin duda alguna en relación con la tierra, pero el escritor hace un énfasis diciendo "del polvo de la tierra", y esto tiene un significado.

La composición de la tierra es increíblemente formidable. Según los estudios avanzados que tenemos en la actualidad, podemos saber que la tierra está compuesta de: una corteza, un manto y un núcleo. Y en ellas operan grandes fuerzas y fenómenos que a veces son difíciles de determinar.

Pero, el escritor no dice que el hombre fue creado desde toda esa increíble y formidable tierra. Fue solo creado del polvo de ella.

Mostrando de cierto modo una condición inferior, desde cierto punto de vista. Un punto de comparación podría ser la existencia misma de la tierra y el hombre.

La tierra desde su creación, a pesar de los cambios que en ella han ocurrido, permanece hasta el día de hoy. Mientras que el hombre en su historia ha pasado de generación en generación, es decir, ha vivido y ha muerto, continuamente.

Y este hecho hace entender "que somos polvo", como está escrito:

"Con el sudor de tu rostro comerás el pan hasta que vuelvas a la tierra, porque de ella fuiste tomado; pues polvo eres, y al polvo volverás." (Genesis 3:19)

Entonces, el escritor hace esta declaración porque el hombre fue hecho en una condición de humildad delante de una realidad en la creación, en donde el hombre no es especial por su naturaleza sino por Quien fue hecho.

Diciéndolo con otras palabras, el origen del hombre se fundamenta en una realidad de la finitud humana: "polvo eres, y al polvo volverás" recuerda que nuestra existencia física es limitada y dependiente. No somos autosuficientes ni eternos por naturaleza.

Esto coloca al hombre en una postura de humildad activa: reconocer que todo lo que somos y tenemos proviene de Él, y que nuestra vida es un encargo, no una posesión absoluta.

El contenido del hombre cuando este fue formado, también hay que considerarlo en el proceso de formación del hombre. Recordemos el texto para no extraviarnos:

"Entonces Jehová Dios formó al hombre del polvo de la tierra, y sopló en su nariz aliento de vida, y fue el hombre un ser viviente" (Genesis 2:7)

La primera parte de este versículo, ya la explicamos anteriormente y se refiere a la formación del cuerpo del hombre desde el polvo de la tierra, Lo cual le dio existencia física en el mundo creado. Pero, el escritor continúa relatando otra acción: "soplo en su nariz aliento de vida".

Este hecho solo lo expondré con este hermoso poema:

"El soplo que nos hizo eternos"

Del silencio de la tierra, Dios tomó polvo sin nombre, polvo sin historia, polvo sin latido.

Con manos de artesano eterno formó un cuerpo perfecto, pero quieto, como una vasija esperando el agua.

Entonces, el Creador se inclinó. Su rostro se acercó al barro, y en un gesto tan íntimo como eterno, sopló en su nariz aliento de vida.

No fue un viento cualquiera, fue el hálito de Su propio ser, la chispa divina que encendió la carne, la voz silenciosa que dijo: "vive".

Y el hombre abrió los ojos. La tierra miró al cielo. El polvo conoció su dignidad. La criatura supo que no era común, porque llevaba dentro el suspiro de Dios.

Desde entonces, cada respiración recuerda ese momento: no somos valiosos por el barro que nos forma, sino por el aliento que nos habita.

Creado en el Tiempo Señalado

Cuando leemos la narrativa de la creación descrita en los primeros capítulos del libro de Genesis, podemos observar un orden cronológico, en donde, se describe en grandes rasgos las etapas de toda la creación.

Y aun cuando teológica y científicamente se disputa la interpretación de los tiempos en que esta fue efectuada, no se disputa el orden.

El orden, según este libro siguió el siguiente patrón:

1. Luz
2. Cielos
3. Tierra, mares y vegetación.
4. Sol, luna y estrellas.
5. Aves y peces
6. Animales y el hombre.
7. Reposo y contemplación.

Allí podemos observar que el hombre fue lo último que creo Dios. Y esto no significa menor grado de importancia. Por el contrario, expresa cuán importante fue la creación del hombre.

Dios preparo todo, todo el habita, todas las condiciones incluyendo el universo y su contenido, antes de crear al hombre.

Esto expresa un gran toque de cuidado, ternura y amor de Dios para con el hombre.

La creación de todo un sistema autosustentable, regido por leyes físicas y principios que le permitirían al hombre creado desenvolverse armoniosamente en ella.

Esto no engrandece al hombre quien es polvo, engrandece lo que para Dios significa el hombre.

Y no solo basta con ver el tiempo en que fue creado, sino que dentro de todo eso fue colocado en un lugar especial como lo fue el Edén.

"Y Jehová Dios plantó un huerto en Edén, al oriente; y puso allí al hombre que había formado" (Genesis 2:8)

En este versículo el escritor nos enseña como este patrón de orden se repite, en el sentido de una acción de Dios preparando algo para el hombre.

"Jehová Dios planto un huerto en Edén": el trabajo de plantar fue efectuado por Dios, preparando las condiciones.

"al oriente": en un lugar especial dentro de lo especial de lo creado, dando un toque de singularidad.

"Y puso allí al hombre formado": mostrando una gran amor, cuidado y ternura para con el hombre

Así, en el tiempo señalado y en el lugar preparado, el hombre no fue puesto al azar, sino en el centro del amor eterno de Dios, para vivir rodeado de todo lo que Su corazón ya había dispuesto para él.

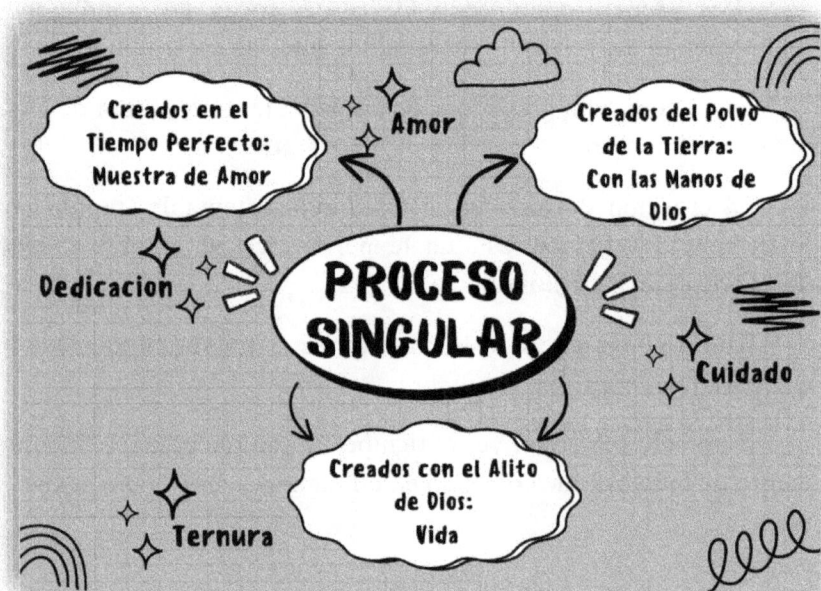

Creados en el Tiempo Perfecto: Muestra de Amor

Amor

Creados del Polvo de la Tierra: Con las Manos de Dios

Dedicacion

PROCESO SINGULAR

Cuidado

Ternura

Creados con el Alito de Dios: Vida

Reflexión Personal: "Formados con Amor Inquebrantable"

La creación del hombre no fue un acto rutinario ni distante, sino un momento cargado de amor, intención y dedicación. Dios no dijo "produzca" como con los demás seres; Él mismo se inclinó, pensó y formó.

Nos confronta esta verdad: si fuimos creados con tanto cuidado, ¿por qué a veces vivimos como si fuéramos obra del azar? Si fuimos amados antes de existir, ¿por qué nos sentimos olvidados o sin valor?

Cada vez que el corazón se enfría o la fe se debilita, recordar nuestro origen debería encender gratitud y asombro. Somos el resultado de un acto de amor eterno, y ese amor no ha cambiado.

Dios no improvisó nuestra existencia: nos diseñó con amor, ternura y cuidado. Lo especial de nosotros no está en nuestra naturaleza sino en Quien nos formó y creo. Vivir conscientes de esto nos hace caminar con la certeza de que, aun en medio de la prueba, seguimos siendo obra de Sus manos.

Con un Proceso Singular

Palabras al Oído

"Hijo mío, sé que a veces sientes el peso de tu fragilidad.

Pero es necesario que recuerdes que antes que tus días comenzaran, Yo ya te conocía. Antes que tus manos tocaran la tierra, mis manos te formaron. No fuiste producto del polvo por casualidad; fuiste obra de mis dedos, y tu existencia fue planificada por mí.

También sé que a veces te sientes solo, perdido y abandonado. Como si toda la creación conspirara en contra de ti.

Y la verdad es que antes de que existieras, preparé un lugar hermoso para ti. No estás aquí por casualidad; cada detalle de tu vida está en mis manos

Cuando te sientas pequeño, piensa en el cuidado con que te hice. Cuando te sientas perdido, recuerda que yo estoy contigo.

No temas al futuro: así como preparé el Edén para el primer hombre, preparo cada estación de tu vida. Descansa en mí, porque eres mío y siempre lo serás."

Yo soy el que te sostiene, el que te llama por tu nombre, el que te dice: 'Mío eres tú' (Isaías 43:1).

...eres amado, eres escogido, eres mío...

Vuelve a mí, porque nunca dejé de mirarte con el mismo amor con que te creé, y mis brazos siguen abiertos para ti."

Capítulo 2

EL HOMBRE CREADO

Con Propósitos

Capítulo 2

EL HOMBRE CREADO

Con Propósitos

La diferencia entre el hombre creado y los animales producidos no solo se manifiesta en el modo de su origen, sino también en el propósito que Dios asignó a cada uno. A los animales se les ordenó simplemente: "Fructificad y multiplicaos" (Génesis 1:22), mientras que al hombre se le dio una instrucción más amplia y compleja:

"Fructificad y multiplicaos; llenad la tierra, y sojuzgadla; y señoread en los peces del mar, en las aves de los cielos, y en todas las bestias que se mueven sobre la tierra." (Génesis 1:28)

Este mandato revela que el propósito del hombre no se limita a la reproducción, sino que incluye desarrollo personal, liderazgo, administración y responsabilidad moral. Cada verbo utilizado por Dios encierra una dimensión profunda del llamado humano.

Fructificad: La Semilla del Propósito

En primer lugar, tenemos que al hombre creado se le da la orden de fructificarse. Y es posible que esta palabra sea asociada más a los árboles que al ser humano.

Sin embargo, el escritor del libro Genesis la emplea como el primer propósito, el primer mandato de Dios sobre el hombre.

"Fructificad" que quiere decirnos el Creador con esta ordenanza? ¿Qué quiere que aprendamos de los árboles?

Los árboles son plantados en la tierra y necesitan del aire y el agua para subsistir. El ser humano está basado en un cuerpo y este necesita del aire y del agua para subsistir.

Las raíces del árbol están en la tierra, pero su crecimiento es en dirección al cielo. Las raíces del hombre vienen del polvo de la tierra, pero su crecimiento viene de Dios.

Ahora, la acción de fructificad envuelve términos como tiempo, proceso y compromiso.

Un árbol no da fruto inmediatamente después que es sembrado, este necesita pasar por un proceso de diferentes etapas para que finalmente de frutos. Este proceso se puede resumir de la siguiente manera:

> ### La "Acción" de Fructificad envuelve Tiempo, Proceso y Compromiso

1. **Germinación**: La semilla comienza a absorber agua y nutrientes, formando raíces y un tallo.
2. **Crecimiento vegetativo**: El árbol se enfoca en desarrollar raíces y ramas, creciendo en tamaño y estructura.
3. **Floración:** El árbol produce flores que, si son polinizadas, darán lugar a frutos.
4. **Crecimiento de frutos**: Las flores se desarrollan y maduran, formando el fruto.
5. **Madurez:** El fruto madura y se prepara para ser consumido.

Estas etapas son cruciales para el crecimiento y producción de frutos en los árboles frutales.

¿Y será que Dios quiere que nosotros entendamos que para el hombre dar fruto, necesita entrar en diferentes procesos?

Hay algo más interesante aquí, esta ordenanza de entrar en un proceso para fructificad fue dada cuando no había pecado ni error en el hombre.

O sea, que en condiciones de pureza, fidelidad y santidad; aun es necesario pasar por un proceso para dar frutos.

Esta verdad, es ratificada por el salmista al escribir el primer salmo:

"Bienaventurado el varón que no anduvo en consejo de malos, Ni estuvo en camino de pecadores, Ni en silla de escarnecedores se ha sentado; Sino que en la ley de Jehová está su delicia, Y en su ley medita de día y de noche. Será como árbol plantado junto a corrientes de aguas, Que da su fruto en su tiempo, Y su hoja no cae; Y todo lo que hace, prosperará." (Salmos 1:1-3)

En este salmo se declara una bienaventuranza para aquel hombre que viva en cierto orden. Y posteriormente se profetiza analógicamente que "dará fruto en su tiempo".

Entonces, no queda duda que el "fructificad" envuelve procesos y tiempo.

Por otra parte, debemos entender una cosa más. El fruto de los árboles no es para consumo de sí mismo, o sea, los árboles no consumen los frutos que producen.

En este sentido, los frutos del hombre no son para sí mismo sino para alimentar a los demás. ¿Y cómo entonces vamos a entender lo que significa "Fructificad" como el primer mandato divino?

La ordenanza y propósito dados al hombre se refiere a su crecimiento personal, forma de pensar y forma de actuar de tal manera que pueda "servir" y ayudar a los demás.

El Apóstol Pablo usa la misma analogía para exhortar a los creyentes a andar en el Espíritu e identifica como son sus frutos:

"Mas el fruto del Espíritu es amor, gozo, paz, paciencia, benignidad, bondad, fe, mansedumbre, templanza; contra tales cosas no hay ley." (Gálatas 5:22-23)

Este fruto, es evidenciado mayormente en las relaciones interpersonales. Y se puede entender que "fructificad", es la acción de bendecir a otros con nuestras palabras, nuestro comportamiento y nuestras acciones hacia los demás.

Además, un árbol no puede dar fruto sin antes crecer, fortalecerse y echar raíces. De igual manera, el hombre necesita formarse internamente para poder ofrecer frutos externos. Fructificar implica madurez, integridad y servicio.

Multiplicaos: La Expansión de la Vida

El mandato de "Multiplicaos", que revela un propósito esencial en la creación del hombre, no se limita a un acto sexual para engendrar hijos. Encierra procesos y elementos más amplios que es necesario comprender.

Podemos observar que, antes de este mandato, Dios dijo: "Fructificad". Este orden no fue casual, sino intencional. Antes de multiplicarse, el ser humano debe fructificar: desarrollarse, madurar y alcanzar plenitud.

Este principio subraya que la reproducción debe darse en una condición en la que el hombre y la mujer puedan asumir la responsabilidad de criar hijos desde una plataforma sólida y estable, cimentada en principios y valores.

Así como Dios preparó todo el hábitat necesario para que el hombre pudiera vivir y desarrollarse, también el ser humano debe preparar las condiciones antes de traer hijos al mundo. Este es el modelo divino enseñado por Dios.

Podemos entender, además, que Dios pudo haber creado multitudes de personas al instante, pero eligió comenzar con uno, involucrando al hombre en el proceso de expansión. Esto nos enseña que el ser humano no solo participa en la creación de vida, sino que también asume la responsabilidad de cuidarla: criar, educar, proteger y establecer armonía en la familia, y posteriormente en la sociedad.

Multiplicarse, por lo tanto, es tanto un acto físico como un llamado a la paternidad responsable y al cuidado generacional. Es perpetuar la vida, pero también perpetuar los valores que la sostienen.

Hoy, este mandato sigue vigente. No se trata solo de llenar la tierra de personas, sino de llenarla de hijos que conozcan a Dios, que vivan con integridad y que sean luz en medio de la oscuridad. Multiplicarse es formar generaciones que hereden no solo un apellido, sino una fe viva y un carácter firme. Que cada hijo que recibamos sea fruto de un corazón preparado, de un hogar cimentado en la Palabra y de un compromiso inquebrantable con el propósito eterno de Dios.

Llenad la Tierra: La Plenitud de la Misión

En el diseño de Dios, la vida humana no se detiene en el individuo ni en la familia: está llamada a llenar la tierra con su presencia y sus valores. Es hermoso contemplar el orden intencional de Dios en los propósitos de la creación del hombre: primero, desarrollarse; luego, multiplicarse; y después, "llenar la tierra".

El primero radica en la madurez del individuo. El segundo, en la formación de la familia. Y el tercero, en el desarrollo de la sociedad.

"Llenad la tierra" implica que el hombre genere sociedades. Así como el individuo debía madurar en principios y valores para dar fruto, y la familia seguir ese mismo patrón, también las sociedades deben adquirir y desarrollar un conjunto de valores y principios que les permitan habitar juntas en armonía y en relación con Dios.

Esta expansión incluye la contemplación de Dios sobre su creación. La magnificencia no solo se manifiesta en el acto creador, sino también en el desarrollo y evolución de lo creado. "Llenad la tierra" es expandir la humanidad en la grandeza del mundo que Dios formó. El mundo no fue creado para que lo habite una sola persona o familia, sino para que sea morada de una gran multitud.

Para entenderlo mejor, pensemos en un ejemplo sencillo: imaginemos a un hombre construyendo un magnífico clóset, con espacio suficiente para cientos de camisas, pantalones, calcetines y zapatos. Si en ese clóset solo hubiera un par de camisas, un par de pantalones y un par de zapatos, seguramente el propietario sentiría una sensación de vacío y tristeza, pues el espacio tiene capacidad para mucho más. En cambio, al verlo lleno, podría contemplar tanto la belleza del clóset como la abundancia de lo que contiene.

De la misma manera, Dios creó un mundo inmenso en comparación con lo diminuto que es el hombre, con el propósito de que este se expanda y llene la tierra. Dios se deleita al ver la expansión de su creación dentro de la amplitud del mundo que Él mismo formó. Llenar la tierra no es solo ocupar espacio: es esparcir la imagen y los valores de Dios en cada rincón del mundo que Él creó.

Con Propósitos

Sojuzgar la Tierra: La Administración del Orden.

La palabra "sojuzgar" proviene del hebreo kabash, que puede traducirse como someter, conquistar, administrar o ejercer control. En otras versiones bíblicas se usa esa palabra como sinónimo de: gobernar, dominar, poner bajo su dominio.

Pero para entender exactamente a que se refiere este verbo "Sojuzgar", debemos establecer dos principios primero. Dos verdades o principios inviolables e inmutables, tales como: (1) Dios, El Creador, es el dueño de la tierra y de todo lo que en ella hay; y (2) El Hombre, es polvo, y le pertenece a Dios.

En los Salmos podemos encontrar múltiples declaraciones que a Dios le pertenece la tierra porque el la fundo y la creo.

"Tuyos son los cielos, tuya también la tierra; El mundo y su plenitud, tú lo fundaste." (Salmos 89:11)

"Porque en su mano están las profundidades de la tierra, Y las alturas de los montes son suyas. Suyo también el mar, pues él lo hizo; Y sus manos formaron la tierra seca." (Salmos 95:4-5)

"porque del Señor es la tierra y su plenitud." (1 Cor. 10:26)

Cuando Ana canto a Dios en agradecimiento por el hijo que había concebido y engendrado, aun ella siendo estéril, también declaro esta verdad:

"Él levanta del polvo al pobre, Y del muladar exalta al menesteroso, Para hacerle sentarse con príncipes y heredar un sitio de honor. Porque de Jehová son las columnas de la tierra, Y él afirmó sobre ellas el mundo." (1 Samuel 2:8)

Y la pertenencia de Dios no es solo referida al planeta tierra, sino se refiere a todo el universo y a aquello que tiene existencia, incluso el hombre:

"He aquí, de Jehová tu Dios son los cielos, y los cielos de los cielos, la tierra, y todas las cosas que hay en ella." (Deuteronomio 10:14)

"Tuya es, oh Jehová, la magnificencia y el poder, la gloria, la victoria y el honor; porque todas las cosas que están en los cielos y en la tierra son tuyas. Tuyo, oh Jehová, es el reino, y tú eres excelso sobre todos." (1 Crónicas 29:11)

"De Jehová es la tierra y su plenitud; El mundo, y los que en él habitan. Porque él la fundó sobre los mares, Y la afirmó sobre los ríos." (Salmos 24:1-2)

Las escrituras también registran palabras pronunciadas por el mismo Dios recordando esta verdad:

"Ahora, pues, si diereis oído a mi voz, y guardareis mi pacto, vosotros seréis mi especial tesoro sobre todos los pueblos; porque mía es toda la tierra." (Éxodo 19:5)

"¿Quién me ha dado a mí primero, para que yo restituya? Todo lo que hay debajo del cielo es mío." (Job 41:11)

"Si yo tuviese hambre, no te lo diría a ti; Porque mío es el mundo y su plenitud." (Salmos 50:12)

Y en algunas ocasiones, cuando ciertos hombres se olvidan de esto, Dios muestra grandes obras, maravillas y prodigios, para que el hombre recuerde que es polvo y la tierra le pertenece a Dios, como por ejemplo lo ocurrido en los tiempos del Faraón y Moisés:

"Y le respondió Moisés: Tan pronto salga yo de la ciudad, extenderé mis manos a Jehová, y los truenos cesarán, y no habrá más granizo; para que sepas que de Jehová es la tierra." (Éxodo 9:29)

Con Propósitos

Entonces, habiendo expuesto todo esto debemos entender que cuando Dios al inicio le dijo al hombre "Sojuzgar la Tierra", era una invitación, una asignación, un privilegio que Dios le daba al hombre para que lo ejerciera juntamente con Dios.

En otras palabras, Dios siendo el Creador le entrego la hermosa tarea al hombre siendo polvo, de ejercer control y dominio sobre la tierra, juntamente con Dios, nunca aislado.

EN NINGUN MOMENTO, DIOS LE REGALO LA TIERRA AL HOMBRE. NUNCA HA OCURRIDO NI OCURRIRA.

A Dios le pertenece toda la tierra y lo que en ella hay.

Ningún rey, ningún presidente y ningún millonario es dueño de la tierra. Porque aún sus ganancias y poder, vienen de Dios y a Dios le pertenece.

El hombre para hacer cualquier cosa necesita de algo creado por Dios, el hombre no tiene la capacidad de Crear, solo puede transformar, diseñar, construir, etc.

En hebreo este verbo "Crear" viene de la palabra "bara", y solo es usado con Dios como sujeto, indicando que solo Él puede "Crear" desde la nada o el vacío absoluto cualquier cosa.

Mientras que el hombre lo que hace es diseñar, juntar, elaborar o transformar muchas cosas desde lo que ya ha sido creado. No existe nada que el hombre haya hecho sin que haya usado algo creado por Dios.

Y esto le da pertenencia legal a Dios sobre todas las cosas.

Sojuzgar la tierra no es licencia para explotarla a nuestro antojo, sino un llamado a ejercer dominio con humildad, reconociendo que somos administradores y no dueños. Es trabajar la creación con gratitud, obediencia y dependencia de Aquel que la formó.

Con Propósitos

Señoread: La Corona del Propósito Original

En el amanecer de la creación, cuando todo era perfecto y la armonía reinaba en cada rincón del Edén, Dios pronunció palabras que marcarían para siempre la identidad y el destino del hombre:

"...y señoread en los peces del mar, en las aves de los cielos, y en todas las bestias que se mueven sobre la tierra" (Génesis 1:28).

Este mandato no era un permiso para explotar, sino una delegación real. El hombre, formado del polvo, pero vivificado por el aliento divino, fue investido como administrador supremo de la vida animal. Su voz, su presencia y sus decisiones debían reflejar el carácter del Creador: cuidado, orden, equilibrio y provisión.

En el Edén, señorear significaba gobernar sirviendo. Adán no imponía temor, sino que inspiraba confianza. Los peces, las aves y las bestias respondían a su autoridad porque esa autoridad estaba alineada con la voluntad de Dios. Nombrar a cada criatura (Génesis 2:19-20) no fue un acto trivial, sino un gesto de reconocimiento y responsabilidad: conocer para cuidar, identificar para preservar.

Más allá de lo visible

Aunque el mandato se expresa en términos de animales y tierra, la Escritura deja entrever que el "señorear" es la cúspide de un diseño más amplio. El Salmo 8 lo declara con asombro:

"Le coronaste de gloria y honra; le hiciste señorear sobre las obras de tus manos; todo lo pusiste debajo de sus pies."

Aquí, "todas las cosas" no se limita a lo que el ojo ve. Es un lenguaje que abarca la totalidad del orden creado. El hombre fue pensado como imagen de Dios para reflejar Su gobierno en cada esfera: lo natural, lo cultural y, en el plan eterno, también lo espiritual.

Este lugar de honor no se alcanzaba por conquista, sino por designación divina. Era un trono en medio del Edén, sostenido por la comunión con Dios y la fidelidad a Su propósito.

La progresión hacia la corona

El "señorear" no fue el primer paso, sino la culminación de un proceso de expansión de autoridad y responsabilidad que Dios estableció desde el principio:

Fructificad → Crecer en carácter y fruto interior.

Multiplicaos → Formar y cuidar la familia.

Llenad la tierra → Organizar comunidades y sociedades.

Sojuzgad → Administrar la creación junto con Dios.

Señoread → Gobernar sobre todas las cosas creadas.

Cada etapa prepara para la siguiente. Solo quien ha aprendido a dar fruto en lo íntimo, a cuidar de los suyos, a edificar en comunidad y a administrar con justicia, está listo para ejercer el gobierno pleno que Dios soñó para el hombre.

Con Propósitos

SEÑOREAD
LA CORONA DEL PROPOSITO:
Culminación: autoridad plena bajo la soberanía de Dios.

FRUCTIFICAD
LA SEMILLA DEL PROPOSITO:
El inicio: carácter, madurez y fruto interior que germina.

Propositos del Hombre Creado

SOJUZGAD LA TIERRA
LA ADMINISTRACION DEL ORDEN:
Gobernar con justicia y cuidado sobre lo confiado.

LLENAD LA TIERRA
LA PLENITUD DE LA MISION:
Llevar la luz y el diseño de Dios a todo lugar.

MULTIPLICAOS
LA EXPANSION DE LA VIDA:
Extender lo bueno recibido: familia, valores, fe.

Con Propósitos

Reflexión Personal: "Creados para un Rumbo Claro"

Desde el principio, el hombre fue creado con un propósito elevado: fructificar, multiplicarnos, llenar la tierra, sojuzgarla y señorear. Sin embargo, ¿por qué tantos viven como si fueran un barco a la deriva? ¿Por qué se pierde la razón de ser, como si la vida fuera solo sobrevivir? ¿Por qué algunos se sienten inútiles, sin valor ni dirección? ¿En qué momento cambiamos la gloria de un llamado divino por la rutina vacía?

Estos pensamientos, aunque comunes, no reflejan la verdad de nuestro origen. Dios no nos formó para la confusión ni para la inercia. Nos diseñó con intención, nos dio dones y capacidades para influir, construir y cuidar. Cada mandato que Él entregó al hombre es una brújula que apunta hacia un destino de significado y plenitud. Vivir sin propósito es vivir por debajo de lo que fuimos llamados a ser.

Recordar que fuimos creados con un plan eterno es el primer paso para retomar el rumbo y caminar con sentido.

Dios nos dio identidad, autoridad y misión. No fuimos creados para vagar, sino para reflejar Su imagen en todo lo que hacemos. El polvo nos recuerda humildad; el soplo, nuestra grandeza en Él. La pregunta es: ¿viviremos como portadores de ese propósito o seguiremos como si nunca lo hubiéramos recibido?

Palabras al Oído

"Hijo mío, hija mía... no te formé para que vivas sin dirección. Antes de que vieras la luz, ya había escrito en Mi corazón un propósito para ti.

No eres un accidente, ni un suspiro perdido en el tiempo.

Te di la capacidad de fructificar, para que tu vida produzca fruto bueno y abundante.

Te llamé a multiplicar, no solo en número, sino en amor, fe y esperanza.

Te envié a llenar la tierra, llevando Mi luz a cada rincón donde pise tu pie.

Te confié el mandato de sojuzgar, administrando con sabiduría y justicia lo que puse bajo tu cuidado.

Y te coroné con la autoridad de señorear, no para oprimir, sino para reflejar Mi gobierno santo.

Cuando dudes de tu valor, recuerda: Yo te hice con propósito. Aunque el mundo intente robarte el sentido, Mi llamado sigue en pie.

Levántate, porque aún hay tierra que conquistar, vidas que bendecir y frutos que dar. Yo estoy contigo, para que cumplas aquello para lo que te creé."

Capítulo 3

EL HOMBRE CREADO

Con Un Diseño Divino

Capítulo 3

EL HOMBRE CREADO

Con Un Diseño Divino

El propósito del hombre, como vimos anteriormente, implica liderazgo, responsabilidad y desarrollo. Para cumplir con este propósito, el hombre fue dotado por Dios con cualidades únicas que lo distinguen de los animales y lo capacitan para ejercer su rol en la creación. Estas cualidades pueden agruparse en cinco grandes categorías:

1. Ser Tripartito.
2. Ser Cognitivo y Racional.
3. Ser Moral y Ético.
4. Ser Espiritual y Filosófico.
5. Ser Cultural y Social.

El Hombre como Ser Tripartito

Una cualidad esencial del hombre, que sirve como fundamento para todo lo que se desarrollará en este libro, es su naturaleza tripartita: cuerpo, alma y espíritu. Esta estructura revela que el hombre no es solo materia, sino también portador de dimensiones invisibles.

Aunque el término "tripartito" no aparece literalmente en la Biblia, las Escrituras sí mencionan y distinguen estas tres partes:

• **Cuerpo**: Parte visible, material, que interactúa con el mundo físico.

- **Alma**: Sede de las emociones, la voluntad y la personalidad.

- **Espíritu**: Dimensión más profunda, que conecta al hombre con Dios y lo eterno.

Ejemplos bíblicos que evidencian esta distinción:

"En su consejo no entre mi alma, Ni mi espíritu se junte en su compañía..." (Génesis 49:6)

"Hablaré en la angustia de mi espíritu, Y me quejaré con la amargura de mi alma." (Job 7:11)

"La palabra de Dios... penetra hasta partir el alma y el espíritu..." (Hebreos 4:12)

"Todo vuestro ser, espíritu, alma y cuerpo, sea guardado irreprensible..." (1 Tesalonicenses 5:23)

Ahora bien, esta composición del hombre viene a ser una de las semejanzas a la que se refirió Dios cuando creo al Hombre diciendo: *"...Hagamos al hombre a nuestra imagen, conforme a nuestra semejanza..."* (Genesis 1:26)

Las escrituras por alguna razón nos revelan que Dios tiene alma y tiene espíritu, por lo que varios autores de algunos libros de la biblia lo expresan así:

Espíritu de Dios

"Y la tierra estaba desordenada y vacía, y las tinieblas estaban sobre la faz del abismo, y el Espíritu de Dios se movía sobre la faz de las aguas." (Genesis 1:2)

"El espíritu de Dios me hizo, Y el soplo del Omnipotente me dio vida." (Job 33:4)

"Envías tu Espíritu, son creados, Y renuevas la faz de la tierra." (Salmos 104:30)

"Y reposará sobre él el Espíritu de Jehová; espíritu de sabiduría y de inteligencia, espíritu de consejo y de poder, espíritu de conocimiento y de temor de Jehová." (Isaías 11:2)

"El Espíritu de Jehová los pastoreó, como a una bestia que desciende al valle; así pastoreaste a tu pueblo, para hacerte nombre glorioso." (Isaías 63:14)

"Y Jesús, después que fue bautizado, subió luego del agua; y he aquí los cielos le fueron abiertos, y vio al Espíritu de Dios que descendía como paloma, y venía sobre él." (Mateo 3:16)

"Porque todos los que son guiados por el Espíritu de Dios, estos son hijos de Dios." (Romanos 8:14)

Alma de Dios

"Destruiré vuestros lugares altos, y derribaré vuestras imágenes, y pondré vuestros cuerpos muertos sobre los cuerpos muertos de vuestros ídolos, y mi alma os abominará". (Levítico 26:30)

"Seis cosas aborrece Jehová, Y aun siete abomina su alma..." (Proverbios 6:16)

"Vuestras lunas nuevas y vuestras fiestas solemnes las tiene aborrecidas mi alma; me son gravosas; cansado estoy de soportarlas." (Isaías 1:14)

"¿No había de castigar esto? dijo Jehová. De una nación como esta, ¿no se había de vengar mi alma?" (Jeremías 5:9)

"Y destruí a tres pastores en un mes; pues mi alma se impacientó contra ellos, y también el alma de ellos me aborreció a mí." (Zacarías 11:8)

"He aquí mi siervo, a quien he escogido; Mi Amado, en quien se agrada mi alma; ..." (Mateo 12:18)

En la versión RVR 1960, la palabra espíritu aparece 608 veces, y alma 308 veces, cada una derivada de raíces hebreas y griegas distintas, lo que confirma su singularidad, tanto para con Dios como para el hombre.

Entonces, cuando Dios crea al hombre con esta semejanza, no es con el propósito de que el hombre se engrandezca de lo que es, porque, al fin y al cabo, polvo es. La semejanza con que fue creado el hombre es para equiparlo a cumplir el propósito para lo que fue creado.

El hombre, como ser tripartito, está diseñado para interactuar con el mundo físico, emocional y espiritual, y esta estructura lo capacita para cumplir su propósito divino.

El Hombre esta "Diseñado" para Interactuar con el Mundo Físico, Emocional y Espiritual

Desde esta cualidad tripartita se derivan otras cualidades, que operan en la combinación e interacción del cuerpo, alma y espíritu del hombre, tales como:

Con un Diseño Divino

Cualidades Cognitivas y Racionales

El ser humano posee una mente capaz de trascender lo inmediato, lo instintivo y lo meramente funcional. Estas facultades le permiten pensar, crear, y reflexionar:

• Autoconciencia: El hombre puede pensar sobre sí mismo, su origen, su destino, y su propósito.

• Razonamiento abstracto: Capacidad para concebir ideas como justicia, eternidad, belleza o verdad.

• Lenguaje simbólico: A diferencia de la comunicación animal, el lenguaje humano transmite conceptos complejos, emociones profundas y conocimiento acumulado.

• Imaginación y creatividad: El ser humano puede soñar, inventar, hacer arte, y visualizar lo que aún no existe.

Cualidades Morales y Éticas

El hombre no solo actúa, sino que evalúa sus acciones. Tiene la capacidad de vivir según principios, asumir consecuencias, y sentir compasión:

• Conciencia moral: Distingue entre el bien y el mal, y puede actuar conforme a valores éticos.

• Responsabilidad: Reconoce que sus decisiones tienen impacto, y puede responder por ellas.

• Empatía profunda: Puede sentir dolor por otros, incluso sin vínculo directo, y actuar movido por compasión.

Con un Diseño Divino

Cualidades Espirituales y Filosóficas

El hombre busca sentido más allá de lo visible. Tiene una dimensión interior que lo conecta con lo trascendente:

• Búsqueda de sentido: Se pregunta por el "por qué" de la vida, la muerte, el alma y lo eterno.

• Religión y espiritualidad: Cree en lo invisible, lo divino, lo eterno, y establece relación con Dios.

• Capacidad de sacrificio por ideales: Puede entregar su vida por amor, por fe, por justicia—una expresión profundamente humana.

Cualidades Culturales y Sociales

El hombre no vive aislado. Construye comunidades, transmite saberes, y expresa belleza:

• Construcción de civilizaciones: Desarrolla sistemas políticos, económicos, educativos y religiosos.

• Transmisión intergeneracional del conocimiento: A través de la escritura, la educación y la tradición oral.

• Arte y estética: Hace música, pintura, literatura, danza… expresiones que no tienen función biológica directa, pero sí un profundo sentido social y espiritual.

Finalmente hemos podido observar que el hombre fue creado con un diseño divino, integral y equilibrado. Cada cualidad es un reflejo de la imagen de Dios y una herramienta para cumplir su propósito. Reconocerlas y cultivarlas es honrar al Creador y caminar en el destino para el que fuimos formados.

Ser Cultural y Social
*Constructor de civilizaciones
*Transmision intergeneracional del conocimiento
*Arte y Estetica

Ser Tripartito
*Cuerpo
*Alma
*Espiritu

Ser Cognitivo y Racional
*Aprendizaje
*Autoconciencia
*Razonamiento
*Lenguage
*Imaginacion
Creatividad

Ser Espiritual y Filosofico
*Busquedad de sentido
*Espiritualidad y Religion
*Sacrificio por Ideales

DISEÑO DIVINO DEL HOMBRE

Ser Moral y Etico
*Conciencia Moral
*Responsabilidad
*Empatia profunda

"...Hagamos al hombre a nuestra imagen, conforme a nuestra semejanza..." (Genesis 1:26)

Reflexión Personal: "Diseñados con Intención"

El hombre fue creado con un diseño divino, dotado de cualidades que lo distinguen de toda otra criatura: pensar, amar, crear, decidir, soñar y buscar lo eterno. Sin embargo, ¿por qué tantos viven como si fueran obra del azar? ¿Por qué hay quienes reducen su existencia a lo material, ignorando la riqueza de su espíritu? ¿Por qué algunos sienten que su vida carece de valor, como si fueran piezas reemplazables en un mundo impersonal?

Cuando se pierde de vista el diseño original, se distorsiona la identidad. El hombre olvida que fue hecho a imagen de Dios, con capacidades que reflejan Su carácter y con una estructura tripartita que le permite interactuar con lo físico, lo emocional y lo espiritual. No somos solo cuerpo que envejece, ni solo emociones que fluctúan: somos espíritu viviente, llamados a comunión con nuestro Creador.

La verdad es que no fuimos formados para la confusión ni para la mediocridad. Cada cualidad que Dios nos dio es una herramienta para cumplir un propósito eterno. Redescubrir nuestro diseño es reencontrar el rumbo, y vivir conforme a él es experimentar la plenitud para la que fuimos creados.

Con un Diseño Divino

Palabras al Oído

"Hijo mío... hija mía... te sostuve en mi pensamiento mucho antes de que existieras.

Te formé con mis propias manos, acariciando cada detalle de tu ser, y mientras lo hacía, sonreía pensando en todo lo que viviríamos juntos.

No eres un accidente, ni una sombra perdida entre multitudes. Eres único, eres única, y cada latido tuyo me importa.

Te di una mente para soñar más allá de lo que ves, un corazón capaz de amar sin medida, y un espíritu que siempre sabrá reconocer mi voz.

Cuando el mundo intenté reducirte a simple materia, recuerda: Yo soplé mi vida en ti.

Cuando sientas que no encajas, recuerda: tu diseño viene del cielo, no de la tierra.

No escondas lo que puse en ti; son tesoros que abrirán caminos que otros no podrán recorrer.

Vive sabiendo que llevas mi imagen, y verás cómo cada parte de ti encaja en el lugar perfecto que preparé desde la eternidad... solo para ti."

Capítulo 4

EL HOMBRE CREADO

Con Libertad para Elegir

Capítulo 4

EL HOMBRE CREADO

Con Libertad para Elegir

El hombre había sido formado con un proceso singular, portador de un diseño divino y con propósitos ascendentes. Su vida estaba proyectada con el corazón de Dios: fructificar, multiplicarse, llenar la tierra, sojuzgarla y señorear sobre todo lo creado. Era la corona de la creación, viviendo en armonía con su Creador, consigo mismo y con el mundo que le rodeaba.

Desde el principio, Dios lo había hecho a Su imagen y semejanza (Génesis 1:26), no para igualarlo en esencia, sino para reflejar Sus atributos comunicables: razón, espiritualidad, capacidad de amar y gobernar.

El hombre estaba en un estado de inocencia, en donde, no conocía la maldad, la vergüenza, la deshonra, la traición. Todo lo que conocía el hombre era bueno y agradable.

La asignación de estar sobre todas las cosas no le produjo orgullo, pues no existía ese término ni esa condición en su corazón. Y solo puedo imaginar a ese primer hombre, disfrutando en paz y en armonía de toda la creación y, sobre todo, en una relación permanente con Dios, su Creador.

El Edén: Lugar Especial

Con todas esas condiciones el hombre fue colocado en el huerto del Edén. Y más allá de discutir si esto fue simbólico o literal, el escritor deja notar que el Edén era un lugar especial dentro de lo especial de la tierra (Genesis 2:8-15).

Dios le dio un toque de reconocimiento, posición, asignación a aquel "polvo hecho alma viviente, el hombre". Y él ya tenía una responsabilidad en ese lugar especial:

"Tomó, pues, Jehová Dios al hombre, y lo puso en el huerto de Edén, para que lo labrara y lo guardase." (Genesis 2:15)

Este mandato de labrar y guardar era parte de los pilares del propósito del hombre descrito en el capítulo anterior, y hasta este punto de la historia, el hombre solo había recibido privilegios y propósitos que le orientaban a lo que debía hacer.

Sin embargo, en este lugar especial, surge una prohibición explicita de parte de Dios para con el hombre. Por primera vez en el tiempo de la creación se le ordena no hacer algo, se le advierte que no haga algo en particular, solo una cosa no debía hacer:

"Y mandó Jehová Dios al hombre, diciendo: De todo árbol del huerto podrás comer; más del árbol de la ciencia del bien y del mal no comerás; porque el día que de él comieres, ciertamente morirás." (Genesis 2:16-17)

"No comer del árbol de la ciencia del bien y del mal", fue la única prohibición explicita que recibió el hombre durante todo su proceso de la creación y en sus primeros tiempos de vida. Y esta prohibición revelaría si el hombre era capaz de mantenerse sumiso a Dios, obedeciendo y recordando su origen del polvo de la tierra y la bondad que Dios tuvo de soplar en el su aliento de vida.

Tener una prohibición, también demostraba que el hombre tenía una capacidad de elegir: obedecer o no obedecer.

Dios había hecho nacer muchos árboles y el escritor al describir esto les coloca adjetivos a estos árboles tales como: "delicioso a la vista" y "bueno para comer" (Genesis 2:9).

Pero, dentro de todos aquellos arboles con esas condiciones se mencionan dos árboles más, dos árboles especiales (Génesis 2:9): el árbol de la vida, símbolo y/o medio de vida eterna en comunión con Él, y el árbol de la ciencia del bien y del mal, símbolo y/o medio de conocimiento moral, con la advertencia de no comer de él (Génesis 2:16-17).

De esta manera, el hombre creado, estando en el Edén, en medio de los árboles, los ríos y los animales, comienza a ejercer una actividad, un trabajo que hacer, teniendo en cuenta su propósito de vida y una prohibición.

La Inocencia: Armonía total

El estado de inocencia de este hombre y la armonía que este tenía con Dios y con la creación, se ve reflejado en la narrativa donde el escritor señala que Dios mismo traía las aves de los cielos y los animales para que el primer hombre creado les pusiera nombre (Genesis 2:19-20).

Y bajo este escenario, el escritor relata otro suceso que añadiría otra bendición para el hombre creado, hacerle una ayuda idónea:

"...más para Adán no se halló ayuda idónea para él. Entonces Jehová Dios hizo caer sueño profundo sobre Adán, y mientras este dormía, tomó una de sus costillas, y cerró la carne en su lugar. Y de la costilla que Jehová Dios tomó del hombre, hizo una mujer, y la trajo al hombre." (Genesis 2:20-22)

Ahora aquel hombre tenía una mujer a su lado, con quien podría encaminarse para cumplir los 5 pilares de su propósito original.

En el Edén, ahora se añadía un nuevo integrante a todo lo majestuoso, manteniéndose los propósitos, responsabilidades y limites (prohibición de comer del árbol de la ciencia del bien y el mal).

Las escrituras no relatan cuanto tiempo duro este paraíso armonioso, no sabemos si fueron horas, días, semanas o años. Solo sabemos que todo era perfecto y en un estado de inocencia.

"Y estaban ambos desnudos, Adán y su mujer, y no se avergonzaban." (Genesis 2:25)

Así en el Edén Dios proveyó al hombre y lo equipo para cumplir sus propósitos y también le dio libertad para elegir. No lo programó como un autómata, sino como un ser capaz de obedecer por amor. El árbol prohibido no era una trampa, sino una oportunidad para afirmar la confianza en la palabra de Dios.

La Desobediencia en el Edén

El escritor del Genesis cierra el capítulo 2 recalcando el estado de inocencia del hombre y la mujer, en plena armonía con todo.

Sin embargo, cuando inicia el capítulo 3 introduce un personaje, el cual transformaría de forma negativa todo lo hermoso que se había narrado hasta ahora.

"Pero la serpiente era astuta, más que todos los animales del campo que Jehová Dios había hecho; la cual dijo a la mujer: ¿Conque Dios os ha dicho: No comáis de todo árbol del huerto? Y la mujer respondió a la serpiente: Del fruto de los árboles del huerto podemos comer; pero del fruto del árbol que está en medio del huerto dijo Dios: No comeréis de él, ni le tocaréis, para que no muráis. Entonces la serpiente dijo a la mujer: No moriréis; sino que sabe Dios que el día que comáis de él, serán abiertos vuestros

ojos, y seréis como Dios, sabiendo el bien y el mal." (Genesis 3:1-5)

Este personaje, la serpiente, intencionalmente buscaba de seducir a la mujer para que juntamente con el hombre incurriera en la desobediencia hacia Dios, generando así una rebelión del hombre creado hacia su creador.

La serpiente en su astucia opero sigilosamente seleccionando a la mujer como su objetivo inicial, y desarrollo la siguiente estrategia:

Primero exageró la prohibición ("¿Conque Dios os ha dicho: no comáis de ningún árbol...?"), luego contradijo abiertamente a Dios ("No moriréis"), y finalmente insinuó que Dios les estaba reteniendo algo bueno ("seréis como Dios, sabiendo el bien y el mal").

Esta combinación de exageración, contradicción e insinuación; despertó la atención y codicia de la mujer, quien no solo comió, sino que le dio a su marido para que comiera también:

"Y vio la mujer que el árbol era bueno para comer, y que era agradable a los ojos, y árbol codiciable para alcanzar la sabiduría; y tomó de su fruto, y comió; y dio también a su marido, el cual comió así como ella." (Genesis 3:6)

La mujer vio que el fruto era bueno para comer (atractivo físico), agradable a los ojos (atractivo estético) y codiciable para alcanzar sabiduría (atractivo intelectual). Tomó y comió, y dio también a su marido.

Este hecho de comer del fruto prohibido estableció la desobediencia. Y esta comenzaría a tener un efecto sobre el hombre, el cual Dios le había advertido anteriormente.

Con Libertad para Elegir

Perdida de la Inocencia y La Maldición

La inocencia de vivir en transparencia total: sin culpa, sin temor, sin vergüenza que se había descrito en Genesis 2:25 ahora se había perdido.

"Entonces fueron abiertos los ojos de ambos, y conocieron que estaban desnudos…" (Genesis 3:7)

La apertura de sus ojos no trajo luz, sino conciencia de pérdida. La vergüenza entró, señal de que la comunión perfecta con Dios se había roto.

Luego la narrativa nos muestra como Dios, trae orden y castigo sobre todos aquellos que intervinieron en la alteración del plan divino y su diseño original.

Desde el verso 8 hasta el verso 19, del capítulo 3 del libro de Genesis, se describe cada una de las consecuencias que produjo todo ese escenario de rebelión y desobediencia. Consecuencias sobre la serpiente, la mujer y el hombre. Todos señalados con culpabilidad.

La maldición, traducida también como perdida de bendición, se estableció en todos aquellos que participaron en esta rebelión.

El Primer Sacrificio de un Inocente

Ahora, frente a todo este escenario, aun se puede observar el amor de Dios para con el hombre. El cual, aun mas allá del error del hombre, Dios no renuncio a continuar su proyecto diseñado originalmente, sino que diseño un plan para rescatarlo de esta triste realidad.

Con Libertad para Elegir

El primer paso o principio que Dios dejo establecido inmediatamente después de esta caída fue la redención del pecador por medio del sacrificio de un ser inocente.

¿Y quizás ustedes se pregunten en donde hubo un sacrificio en la narrativa del capítulo 3 del libro de Genesis?

Observen lo siguiente, cuando el hombre y la mujer se dieron cuenta de su desnudez, se hicieron delantales con hojas de higuera:

"Entonces fueron abiertos los ojos de ambos, y conocieron que estaban desnudos; entonces cosieron hojas de higuera, y se hicieron delantales." (Genesis 3:7)

O sea, el hombre en su error intento "tapar" su vergüenza a su modo, no existía en ellos el concepto de arrepentimiento, perdón, restauración, ni nada por el estilo. Ellos pasaron de un estado de inocencia a un estado de culpabilidad, experimentando todo esto por primera vez en su vida.

Pero, Dios ahora les comenzaría a enseñar el camino hacia la restauración. Dios desestimo aquellos delantales y Dios mismo le hizo "Túnicas" con pieles de animal:

"Y Jehová Dios hizo al hombre y a su mujer túnicas de pieles, y los vistió." (Genesis 3:21)

¿De dónde saco la piel?

Es claro y evidente, que un animal inocente tuvo que ser sacrificado para obtener esta piel. Obtener la piel implico derramar sangre inocente. Derramar sangre inocente para tapar la desnudes de ellos.

No sabemos si este acto, este sacrificio se hizo a la vista de ellos. No sabemos si ellos vieron cuando la piel fue desgarrada del animal inocente. Pero si sabemos, que ese animal era inocente y que Adán le había puesto un nombre.

Adán conocía a todos los animales, ya que el le puso nombre a cada uno de ellos. Entonces, ellos sabían el nombre del animal inocente que sufrió esto. Y este hecho, generaba en ellos, especialmente en Adán un estado de culpabilidad profundo por lo que habían hecho.

Y ahora, el hombre caminaría llevando encima la piel de un ser inocente, tapando su vergüenza con sangre inocente.

Y este hecho, estableció un principio en el hombre y su descendencia, que le haría recordar no solo su error y culpabilidad, sino también la disposición de Dios en restaurarlo bajo ese principio.

La Expulsión del Edén y la Alteración del Propósito

Todo aquello que describimos ocurrió en el Edén, en el paraíso que Dios había diseñado con amor. Lo especialmente bonito y la tragedia más aterradora del hombre, en un solo lugar.

Pero allí, continuaba el árbol de la vida, y el acceso a ese árbol sea simbólico o literal, permitía una eternidad en el hombre. Pero el hombre no fue diseñado para vivir eternamente bajo un estado de culpabilidad y error, ni mucho menos bajo un estado de rebelión.

El beneficio de aquel árbol debía removerse del hombre, y por esto, el hombre tuvo que ser expulsado de aquel hermoso lugar:

"Y dijo Jehová Dios: He aquí el hombre es como uno de nosotros, sabiendo el bien y el mal; ahora, pues, que no alargue su mano, y tome también del árbol de la vida, y coma, y viva para siempre. Y lo sacó Jehová del huerto de Edén, para que labrase la tierra de que fue tomado. Echó, pues, fuera al hombre, y puso al oriente del huerto de Edén querubines, y una espada encendida que

se revolvía por todos lados, para guardar el camino del árbol de la vida." (Genesis 3:22-24)

Las consecuencias fueron profundas:

> ➢ La naturaleza humana quedó marcada por el pecado (Romanos 5:12).
> ➢ El hombre perdió el acceso al árbol de la vida.
> ➢ La relación con Dios, con el prójimo y consigo mismo se distorsionó.
> ➢ El diseño original permaneció, pero empañado por la corrupción.

A lo largo de la narrativa del libro de Genesis, se puede observar como este hecho introdujo el mal en el hombre. Eventos como el de Caín contra Abel (Genesis 4) y sociedades corrompidas (Genesis 6), hacen notorio como el mal se incrementó en la humanidad.

Dios en su designio estableció como una especie de "reseteo", para frenar y disminuir este avance de la maldad. Un evento como el diluvio que trae muchas enseñanzas, pero que solo mencionare para mostrar como el propósito de Dios para el hombre fue alterado.

Siglos después, tras el diluvio, Dios habló a Noé y a sus hijos en un nuevo comienzo. Génesis 9:1 registra:

"Bendijo Dios a Noé y a sus hijos, y les dijo: Fructificad, multiplicaos y llenad la tierra."

Las tres primeras órdenes dadas a Adán se repiten, pero las dos últimas —sojuzgad y señoread— no aparecen. En su lugar, Dios declara:

"El temor y el miedo de vosotros estarán sobre todo animal de la tierra..." (Génesis 9:2).

Esto revela que el hombre había perdido la capacidad de sojuzgar la creación en comunión con Dios. La relación con los animales ya no sería de armonía y cuidado mutuo, sino marcada por el temor. Los animales, que en el Edén se acercaban sin miedo, ahora serían testigos silenciosos de la naturaleza caída del hombre.

Con Libertad para Elegir

Reflexión Personal: "Cuando el Diseño se Quiebra"

La caída en el Edén no fue solo un evento histórico; es un espejo donde cada corazón humano puede verse reflejado. El hombre, creado por amor y para vivir en verdad, se dejó seducir por la ilusión de autonomía.

Pero ¿por qué permitimos seguir siendo engañados como en el principio? ¿Por qué seguimos olvidando a Dios y sus palabras, como si fueran opcionales? ¿Por qué nos cuesta tanto mantenernos en obediencia, aun sabiendo que la desobediencia trae dolor?

Cada vez que desconfiamos de Dios y confiamos en nuestra propia interpretación, repetimos el eco de aquel primer acto en el huerto.

La alteración no fue solo moral, sino estructural: afectó la manera de pensar, sentir y decidir. Sin embargo, recordar este momento no es para vivir en condena, sino para reconocer la urgencia de la restauración.

La santidad no se recupera con esfuerzo humano, sino con un nuevo corazón, modelado otra vez por las manos que nos formaron al principio.

La obediencia no es una carga, sino el camino que nos devuelve a la comunión y a la plenitud que Dios siempre quiso para nosotros.

Palabras al Oído

"Hijo mío, hija mía... no prestes oídos a la voz que distorsiona mi verdad. Esa serpiente antigua sigue susurrando dudas, pero mi palabra permanece firme.

Yo soy el mismo que te formó en el principio, el que te dio un lugar de paz y comunión.

No te hice para vivir escondido ni para cargar vergüenza.

Te llamo a caminar en mi luz, donde no hay temor.

Si escuchas mi voz y obedeces, hallarás descanso para tu alma, provisión para tu camino y gozo que nadie podrá quitarte.

No temas renunciar a lo que te aleja de mí; lo que entregues por amor, lo multiplicaré en bendición.

Recuerda: 'Si quieres y oyes, comerás el bien de la tierra' (Isaías 1:19).

Vuelve a mi consejo, rechaza la mentira, y verás cómo mi paz cubre tu corazón como en el principio."

Oración Pastoral

Padre eterno y Creador de todo lo que existe, Hoy elevamos nuestra voz para agradecerte por el soplo de vida con el que nos formaste, por el propósito santo que imprimiste en nuestro ser desde el principio. Gracias por habernos creado a tu imagen, para caminar en comunión contigo, para reflejar tu carácter y disfrutar de tu presencia.

Reconocemos, Señor, que como humanidad hemos desviado nuestro corazón, siguiendo voces extrañas y confiando en nuestra propia opinión más que en tu consejo. Perdónanos por las veces que, como en el Edén, hemos permitido que la duda y la desobediencia alteren tu diseño perfecto en nosotros.

Te damos gracias porque, aun cuando nos alejamos, tu amor nos sigue buscando. Gracias por tu paciencia, por tu palabra que nos llama de nuevo a la obediencia, y por el Espíritu Santo que nos guía a toda verdad.

Hoy te pedimos, Padre, que restaures en nosotros la inocencia perdida, que renueves nuestra mente y purifiques nuestro corazón. Danos oídos atentos para discernir tu voz y fuerza para rechazar toda mentira del enemigo. Enséñanos a vivir en la luz de tu presencia, a valorar tu consejo por encima de cualquier pensamiento propio, y a caminar en la senda de la obediencia que trae paz, gozo y plenitud.

Que cada día recordemos que fuimos creados por ti, para ti y en ti, y que fuera de tu voluntad no hay vida verdadera. Sella en nosotros esta verdad y haznos permanecer firmes hasta el día en que volvamos a verte cara a cara, en el lugar donde no habrá más engaño, dolor ni separación.

En el nombre de Jesús, nuestro Señor y Redentor, Amén.

"Cuando veo tus cielos, obra de tus dedos, La luna y las estrellas que tú formaste, Digo: ¿Qué es el hombre, para que tengas de él memoria, Y el hijo del hombre, para qué lo visites?"
(Salmos 8:3-4)

Sección II

EL CAMINO

La Elección Humana

"*...Muéstrame, oh, Jehová, tus caminos;*
Enséñame tus sendas..."
(Salmos 25:4)

Sección II: El Camino – La Elección Humana

En la primera sección contemplamos el origen del hombre, su diseño singular y los cinco propósitos que Dios le otorgó desde el principio. Vimos cómo fue formado con detalle, con dignidad, con libertad, y con una vocación que lo conectaba directamente con el corazón de su Creador. Sin embargo, también observamos que, a pesar de contar con todo lo necesario para vivir en plenitud, el hombre eligió desobedecer. Su decisión trajo consecuencias profundas: perdió la comunión perfecta, alteró su relación con la creación, y quedó marcado por una naturaleza caída.

Ahora, en esta segunda sección, nos adentraremos en la realidad de los caminos que el hombre puede transitar. Porque si bien fue creado con propósito, también fue dotado de libertad para elegir. La vida no es estática: cada persona avanza, decide y se dirige hacia un destino. La Escritura nos recuerda que no todos los caminos son iguales, y que elegir el correcto es una decisión que define el rumbo eterno.

A través de cuatro capítulos, descubriremos:

El Camino: Múltiples Definiciones – cómo el concepto de "camino" abarca rutas físicas, procesos, hábitos y conductas que moldean el destino.

El Camino: Tipos Según su Ambiente – cómo el entorno influye en la naturaleza y el resultado de la senda que se transita.

El Camino: Jesús, el Único Camino – la revelación de Cristo como la única vía que conduce a la vida eterna y a la comunión con el Padre.

El Camino: Ambiente Espiritual – cómo las realidades invisibles afectan el trayecto del creyente y determinan su avance o retroceso.

Esta sección no es solo una descripción de sendas, sino una invitación a examinarlas con discernimiento, a reconocer la voz del Pastor que guía, y a elegir con firmeza el camino que conduce a la vida.

Capítulo 5

EL CAMINO

Múltiples Definiciones

Capítulo 5

EL CAMINO

Múltiples Definiciones

Después de contemplar al hombre en su origen, propósito y diseño, pudimos observar como este al desobedecer a Dios evidencio que tiene libertad para escoger.

También observamos como la inocencia y la armonía, fueron afectadas cuando el hombre camino por un camino propio y no el que Dios le había mostrado.

En otras palabras, una decisión para actuar puede asemejarse a un caminar. Y esto me lleva a concluir que necesito saber todo sobre caminos o decisiones, para no cometer o evitar errores en mi vida.

¿Después de todo, quien quiere atraer maldiciones para sí mismo? ¿Quién no desea el bien para su vida?

La vida humana no es estática; es movimiento, decisión, dirección. Y ese movimiento ocurre sobre caminos. Y surge una pregunta inevitable: ¿por dónde camina el hombre? ¿Qué trayecto sigue para cumplir aquello para lo cual fue creado?

El salmista clama a Dios diciendo: "Muéstrame tus caminos". Esta súplica revela que no todos los caminos son iguales, y que el hombre necesita guía para transitar el correcto. El camino no es solo un espacio físico, sino una realidad espiritual, emocional, intelectual y moral. Es el medio por el cual el hombre se desplaza, aprende, se transforma y llega a su destino.

En este capítulo, exploraremos qué es un camino, cómo se define, y qué tipos de caminos existen. Porque si el hombre fue creado con propósito, entonces debe caminar hacia ese propósito.

El Camino: Múltiples Definiciones

La vida se manifiesta en múltiples formas: en el hombre, en los animales, en las plantas. Todo lo que nace, se desarrolla y se multiplica da testimonio de la vida.

Pero el camino... ¿qué es?

Podemos definir el camino desde varias perspectivas, tales como: una ruta física, un proceso estructurado, el aprendizaje neurológico o la conducta humana.

El Camino como una Ruta física: Es una trayectoria que une dos puntos, por medio de la cual un ser se desplaza de un lugar a otro, en un ambiente determinado.

Ejemplo: El sendero empedrado que une una aldea con la ciudad más cercana, atravesando montañas y ríos.

El Camino como un Proceso Estructurado: Es una secuencia de pasos que conducen a un resultado, como un método para alcanzar un objetivo.

Ejemplo: El plan de estudios que sigue un alumno desde la educación primaria hasta su graduación universitaria.

El Camino como el Aprendizaje Neurológico: Es el proceso mediante el cual el hombre adquiere conocimiento, utilizando metodologías que trazan rutas mentales.

Ejemplo: Cuando un músico practica una melodía repetidamente hasta que su cerebro establece una "ruta" que le permite interpretarla de memoria.

El Camino como la Conducta Humana: Es el patrón de comportamiento que el hombre adopta, y que genera resultados previsibles según sus decisiones.

Ejemplo: Una persona que responde con paciencia ante los conflictos y, con el tiempo, es reconocida como pacificadora.

Estas definiciones, aunque diversas, comparten un elemento común: todo camino tiene un inicio y un final. No hay camino sin dirección, ni trayecto sin destino. El camino implica movimiento, intención y resultado.

Ahora, estando consciente de esto, aun dentro de las 4 perspectivas mencionadas anteriormente para definir el camino se pueden generar otras definiciones más, de acuerdo con su resultado.

Definición del Camino según su Resultado: Positivo o Negativo.

Todo camino no solo se define por su trayecto, sino por el fruto que produce en quien lo recorre. La dirección elegida conduce inevitablemente a un resultado: edificación o ruina, vida o muerte, satisfacción o insatisfacción, alegría o tristeza, triunfo o derrota.

Así que, desde cada perspectiva considerada anteriormente, el camino puede inclinarse hacia el bien o hacia el mal.

Los Caminos como una Ruta Física, El camino físico y visible que conecta un punto de origen con un destino puede ser oportunidad de bendición o ruta de peligro.

> ➤ **Camino de bien**: El sendero que une una aldea con un manantial de agua limpia, proveyendo sustento y salud a quienes lo transitan.
>
> ➤ **Camino de mal**: La vereda que lleva hacia lugares de violencia y corrupción, donde quien entra se expone a la pérdida y a la destrucción.

Los Caminos como Proceso Estructurado, Todo método o secuencia de pasos que nos guía hacia una meta también puede producir frutos buenos o malos.

> ➤ **Camino de bien**: El plan disciplinado de un artesano que, paso a paso, perfecciona su obra hasta que sea útil y hermosa para otros.
>
> ➤ **Camino de mal**: El proceso premeditado de fraude que, de manera ordenada, engaña y roba a inocentes para beneficio propio.

Los Caminos como Aprendizaje Neurológico, Las rutas mentales que formamos mediante la repetición moldean nuestras reacciones y habilidades.

> ➤ **Camino de bien**: La práctica constante de la oración y la meditación en la Palabra, formando en la mente y el corazón un hábito de comunión con Dios.
>
> ➤ **Camino de mal**: La repetición continua de pensamientos de odio y resentimiento, creando una ruta mental que conduce a la amargura y la venganza.

Los Caminos como la Conducta Humana, El patrón de comportamiento que adoptamos define nuestra relación con los demás y con Dios.

➢ **Camino de bien**: Quien trata con justicia y respeto a su prójimo, buscando la paz y el bienestar común.

➢ **Camino de mal**: Quien desprecia, explota o humilla a los demás, sembrando división y sufrimiento.

De esta manera, con todo esto tenemos que la palabra camino no solo es una ruta física, sino que significa mucho más. Y que en todas sus definiciones existirá un inicio y un final.

Hay caminos que anticipan su destino, y que eliminan la sorpresa de aquel quien lo transita, mientras hay otros caminos que no muestran su destino real y están diseñados para engañar al hombre, haciéndole creer que llegara a un destino y al final llega a otro destino.

Delante de esta realidad, surge muchas preguntas como:

¿Como reconocer la verdad de un camino?

¿Quién me puede ayudar a decidir?

¿Cuál es el camino correcto?

David, el salmista tenía que tomar decisiones tan igual como tú y yo, pero también sabía que Dios tenía la respuesta para todas estas preguntas.

Por esta razón David dijo:

"Muéstrame, oh Jehová, tus caminos; Enséñame tus sendas. Encamíname en tu verdad, y enséñame, Porque tú eres el Dios de mi salvación; En ti he esperado todo el día." (Salmos 25:4)

David estaba consciente con la historia de la humanidad, y conocía que en el principio había un camino trazado por Dios que requería obediencia para transitarlo, y también conocía que había una maldad seduciendo al hombre para que tome caminos errados, y esas entidades malignas disfrutan al ver al hombre caerse. Y David no quería sentir vergüenza del error por tomar un camino errado.

Por eso él dijo:

"A ti, oh Jehová, levantaré mi alma. Dios mío, en ti confío; No sea yo avergonzado, No se alegren de mí mis enemigos. Ciertamente ninguno de cuantos esperan en ti será confundido; Serán avergonzados los que se rebelan sin causa."

(Salmos 25:1-3)

David tenía energía y entusiasmo para caminar, pero no quería ser un derrotado más, él quería ser victorioso, y estaba seguro de que su victoria dependía de la dirección de Dios y de quien era y es Dios.

"Acuérdate, oh Jehová, de tus piedades y de tus misericordias, Que son perpetuas. De los pecados de mi juventud, y de mis rebeliones, no te acuerdes; Conforme a tu misericordia acuérdate de mí, Por tu bondad, oh Jehová. Bueno y recto es Jehová; Por tanto, él enseñará a los pecadores el camino. Encaminará a los humildes por el juicio, Y enseñará a los mansos su carrera. Todas las sendas de Jehová son misericordia y verdad, Para los que guardan su pacto y sus testimonios." (Salmos 25:6-10)

David confiaba en la dirección de Dios, en las enseñanzas de Dios, en las bendiciones de Dios y en la comunión de Dios; y el reconoció que solo siendo manso, humilde y temeroso de Dios podía obtener todo esto.

Por amor de tu nombre, oh Jehová,
Perdonarás también mi pecado, que es grande.
¿Quién es el hombre que teme a Jehová?

Él le enseñará el camino que ha de escoger.
Gozará él de bienestar,
Y su descendencia heredará la tierra.
La comunión íntima de Jehová es con los que le temen,
Y a ellos hará conocer su pacto.
Mis ojos están siempre hacia Jehová,
Porque él sacará mis pies de la red." (Salmos 25:11-15)

Ahora, quizás usted dirá:

"Bueno, está bien esa historia de David y Dios, pero ¿qué hay de mi vida?"

¿Como puedo escuchar la voz de Dios?

Y aun creo, que algunos o algunas pudieran ser más atrevidos o atrevidas y me dirían:

"Si tuviera la certeza y la convicción de algo que Dios me indique para hacer, lo haría sin dudar"

Y así como esas expresiones habrá muchas más, llenas de emoción y entusiasmo, de querer conquistar bendiciones para su vida.

Pero, el obedecer a la dirección implica renunciar a otros caminos, no se puede andar en dos caminos diferentes, es imposible. O estas en uno o estas en otro.

Y allí la emoción, no sirve de nada. Solo el compromiso y la devoción para obedecer y permanecer en el camino instruido por Dios.

El primer hombre fallo en un estado de inocencia. Desobedeció cuando todo era puro y santo. Tomo el mal camino. Y ahora nosotros tenemos que tomar una decisión.

La biblia, las escrituras sagradas nos muestras y revela estos caminos, incluso nos diferencia el camino del bien y el camino del mal, en las diferentes perspectivas, y también nos da consejos en cuanto a todo esto, veamos algunos ejemplos:

"No envidies al hombre injusto, Ni escojas ninguno de sus caminos. Porque Jehová abomina al perverso; Mas su comunión íntima es con los justos. La maldición de Jehová está en la casa del impío, Pero bendecirá la morada de los justos. Ciertamente él escarnecerá a los escarnecedores, Y a los humildes dará gracia. Los sabios heredarán honra, Mas los necios llevarán ignominia." (Proverbios 3:31-35)

"No os hagáis tesoros en la tierra, donde la polilla y el orín corrompen, y donde ladrones minan y hurtan; sino haceos tesoros en el cielo, donde ni la polilla ni el orín corrompen, y donde ladrones no minan ni hurtan. Porque donde esté vuestro tesoro, allí estará también vuestro corazón." (Mateo 6:19-21)

Y así como esos, hay muchísimos consejos y palabra revelada de Dios que nos muestra por donde debemos andar...y entonces,

¿Porque realmente no buscamos de saber esto?

¿Realmente quiero saber lo que Dios me recomienda y ordena?

¿Porque no busco de leer las escrituras sagradas, la biblia?

¿Porque no oro?

O es que quiero seguir siendo autosuficiente para tomar mis propias decisiones y dejar a un lado a mi Creador, como lo hizo Adán en el principio.

No continuemos cometiendo el mismo error una y otra vez. Es tiempo de cambiar.

Reflexión Personal: "Consciencia de los Caminos"

Todo ser humano, lo sepa o no, está transitando un camino. No existe la neutralidad: cada paso nos acerca a un destino. Pero para elegir bien, primero debemos reconocer que hay muchos caminos y que no todos son iguales. Algunos se presentan como rutas de éxito, pero esconden tropiezos; otros parecen estrechos y difíciles, pero llevan a la vida.

El hombre necesita despertar a esta realidad: entender que un camino no es solo un sendero físico, sino también un proceso, un patrón mental, una conducta repetida. Cada definición de camino que hemos visto es una invitación a examinar dónde estamos y hacia dónde nos dirigimos.

Ignorar esta diversidad es caminar a ciegas; reconocerla es el primer paso hacia la sabiduría. El Señor nos llama a vivir con discernimiento, a no dejarnos llevar por la apariencia del trayecto, sino por el fruto que produce. Porque, como dijo Jesús, "por sus frutos los conoceréis" (Mateo 7:16).

Palabras al Oído

"Hijo mío, hija mía... antes de dar un paso más, detente y mira bien el camino que tienes delante. No todo sendero que brilla lleva a la luz; no toda puerta abierta conduce a mi voluntad.

Yo te he mostrado múltiples sendas, y te he dado entendimiento para discernirlas. Pregúntame, y yo te responderé; búscame, y yo te guiaré.

Recuerda que 'hay camino que al hombre le parece derecho, pero su fin es camino de muerte' (Proverbios 14:12).

No camines solo por lo que ves; camina por lo que oyes de mi voz. Si me permites guiarte, te llevaré por sendas de justicia por amor de mi nombre (Salmos 23:3).

No temas si el camino que te muestro es estrecho; allí mi presencia será tu compañía y mi paz tu fortaleza.

Examina, elige bien, y confía: el que me sigue no andará en tinieblas, sino que tendrá la luz de la vida (Juan 8:12)."

Capítulo 6

EL CAMINO

Tipos según su Ambiente

Capítulo 6

EL CAMINO

Tipos según su Ambiente

Como vimos anteriormente, todo camino implica desplazamiento, dirección y propósito, y puede comprenderse desde múltiples perspectivas: como una ruta física, un proceso estructurado, un aprendizaje neurológico o una conducta humana.

Cada uno de estos enfoques revela una dimensión distinta del caminar humano: desde el trayecto visible que conecta lugares, hasta los procesos internos que moldean pensamientos, hábitos y decisiones.

En este sentido, los caminos que se definen como una ruta física pueden desarrollarse sobre distintos ambientes —como el agua, el aire o la tierra—, cada uno con características y desafíos propios.

El camino entendido como un proceso estructurado se despliega tanto sobre los valores, principios y creencias que guían la vida de una persona, como sobre los sistemas organizados, métodos y secuencias que conducen a un objetivo. Es una ruta que combina convicción interna con disciplina externa, moldeando la forma en que el hombre avanza hacia su propósito.

El camino como aprendizaje neurológico se forma en la mente, a través de la repetición y la experiencia, creando rutas invisibles que condicionan la manera en que pensamos, sentimos y reaccionamos.

Y el camino como conducta humana se manifiesta en el comportamiento observable, en los patrones que adoptamos y que definen nuestra relación con Dios, con los demás y con nosotros mismos.

Así, un camino no se limita a un trayecto visible; es también una experiencia que puede ser externa o interna, tangible o intangible, y cuyo entorno le otorga un significado simbólico único.

A continuación, exploraremos esos tipos de caminos, clasificados según el ambiente en el que se desarrollan y la dimensión que ocupan, descubriendo en cada uno su riqueza simbólica y espiritual.

El Camino como Ruta Física: Camino Acuático

El camino acuático se desarrolla sobre cuerpos de agua como mares, ríos, lagos y océanos. Es un trayecto fluido, dinámico y muchas veces impredecible. El agua, por su naturaleza, representa movimiento constante, profundidad y misterio.

Características del ambiente:

- **Inestabilidad**: El agua cambia constantemente, lo que exige adaptabilidad.
- **Dirección Influenciada**: Las corrientes, mareas y vientos afectan el rumbo.
- **Dependencia de Medios Externos**: El hombre necesita embarcaciones o dispositivos para desplazarse, si quiere hacerlo más rápido y llegar más lejos

Implicaciones simbólicas:

El camino acuático puede representar los procesos de transición, las emociones profundas y los momentos de incertidumbre en la vida.

En lo espiritual, el agua ha sido símbolo de limpieza, renovación y vida (como el bautismo).

El Camino como Ruta Física: Camino Aéreo

El camino aéreo se desarrolla en el espacio atmosférico, sobre la masa de aire que rodea la tierra. Es un trayecto elevado, veloz y muchas veces invisible a simple vista. El aire representa libertad, ligereza y visión panorámica.

Características del ambiente:

- **Altitud**: Se recorre por encima del nivel del suelo, lo que implica elevación.
- **Velocidad**: Los desplazamientos suelen ser rápidos y requieren precisión.
- **Dependencia Tecnológica**: El hombre necesita aeronaves o mecanismos para volar.

Implicaciones Simbólicas:

El camino aéreo puede representar aspiraciones elevadas, sueños, revelaciones y visiones.

En lo espiritual, el aire ha sido asociado con el aliento de vida (ruaj en hebreo), el Espíritu Santo, y la inspiración divina.

El Camino como Ruta Física: Camino Terrestre

El camino terrenal se desarrolla sobre la superficie firme de la tierra. Es el trayecto más común, cotidiano y accesible. La tierra representa estabilidad, trabajo y contacto directo con la realidad.

Características del ambiente:

- **Solidez**: El suelo ofrece soporte y dirección clara.
- **Accesibilidad**: Puede ser recorrido a pie, en vehículo o por animales.
- **Diversidad de terrenos**: Montañas, valles, desiertos, selvas… cada uno con sus desafíos.

Implicaciones simbólicas:

El camino terrenal representa la vida diaria, el esfuerzo humano, la perseverancia y la lucha constante.

En lo espiritual, la tierra puede simbolizar el campo de batalla entre lo divino y lo mundano.

El Camino como Proceso Estructurado

Este camino se desarrolla dentro de sistemas organizados, secuencias lógicas y metodologías que conducen a un objetivo. Es el trayecto que sigue una estructura diseñada para producir resultados.

Características del ambiente:

- **Secuencialidad**: Cada paso depende del anterior; hay orden progresivo.
- **Normatividad**: Se rige por reglas, estándares o protocolos establecidos.
- **Evaluación Constante**: El avance se mide por resultados, indicadores o logros.
- **Flexibilidad Limitada**: Aunque puede adaptarse, está condicionado por la lógica del sistema.

Implicaciones simbólicas:

Representa el camino del método, la disciplina y la formación.

En lo espiritual, puede reflejar el proceso de santificación, el discipulado, o el crecimiento guiado por principios divinos.

El Camino como Aprendizaje Neurológico

Este camino se desarrolla en el ámbito de la mente, donde se forman conexiones neuronales a través de la repetición, la experiencia y la práctica. Es el trayecto invisible que moldea la forma en que pensamos, sentimos y reaccionamos.

Características del ambiente:

- **Plasticidad cerebral**: La mente se adapta y cambia según los estímulos recibidos.
- **Repetición**: Las rutas se consolidan por la práctica constante.
- **Automatización**: Lo aprendido se convierte en hábito o reflejo.
- **Sensibilidad Emocional**: Las emociones intensas pueden reforzar o bloquear rutas mentales.

Implicaciones Simbólicas:

Representa el camino de la renovación del entendimiento (Romanos 12:2), la formación de hábitos espirituales, y la lucha entre pensamientos de luz y tinieblas. Es el terreno donde se decide qué voz domina: la verdad de Dios o las mentiras del enemigo.

El Camino como Conducta Humana

Este camino se desarrolla en el comportamiento observable del individuo, en sus decisiones cotidianas, reacciones y estilo de vida. Es el trayecto que otros pueden ver y que deja huella en el entorno.

Características del ambiente:

- **Visibilidad**: La conducta es perceptible y genera impacto en otros.
- **Repetición de Patrones**: Las acciones tienden a formar ciclos o estilos de vida.
- **Interacción Social**: Se moldea y se expresa en relación con otros.
- **Retroalimentación Moral**: Las decisiones generan consecuencias éticas y espirituales.

Implicaciones simbólicas:

Representa el camino del testimonio, la coherencia entre fe y obras, y la manifestación externa de lo que se cree internamente.

En lo espiritual, es el terreno donde se evidencia si el fruto del Espíritu está presente o si la carne domina.

La Elección Humana en los Caminos

Habiendo observado los diferentes caminos según su ambiente e implicaciones simbólicas y espirituales, el hombre debe tomar una decisión: Caminar con Dios o Caminar sin Dios.

Ya observamos en la primera sección, como el hombre decidió y eligió caminar sin Dios, bajo su propio criterio y las consecuencias que esto le trajo.

Y ahora, les mostrare como estos caminos mencionados anteriormente se pueden caminar con Dios según lo que escrito en la Biblia.

Caminando con Dios en los Caminos Acuáticos

Siempre hemos conocido que el hombre en su naturaleza humana solo puede nadar y no caminar sobre las aguas. Sin embargo, la escritura sagrada no muestra otra realidad.

"En seguida Jesús hizo a sus discípulos entrar en la barca e ir delante de él a la otra ribera, entre tanto que él despedía a la multitud. Despedida la multitud, subió al monte a orar aparte; y cuando llegó la noche, estaba allí solo. Y ya la barca estaba en medio del mar, azotada por las olas; porque el viento era contrario. Mas a la cuarta vigilia de la noche, Jesús vino a ellos andando sobre el mar. Y los discípulos, viéndole andar sobre el mar, se turbaron, diciendo: ¡Un fantasma! Y dieron voces de miedo. Pero en seguida Jesús les habló, diciendo: ¡Tened ánimo; yo soy, no temáis! Entonces le respondió Pedro, y dijo: Señor, si eres tú, manda que yo vaya a ti sobre las aguas. Y él dijo: Ven. Y descendiendo Pedro de la barca, andaba sobre las aguas para ir a Jesús. Pero al ver el fuerte viento, tuvo miedo; y comenzando a hundirse, dio voces, diciendo: ¡Señor, sálvame! Al momento Jesús, extendiendo la mano, asió de él, y le dijo: ¡Hombre de poca fe! ¿Por qué dudaste? Y cuando ellos subieron en la barca, se calmó el viento. Entonces los que estaban en la barca vinieron y le adoraron, diciendo: Verdaderamente eres Hijo de Dios." (Mateo 14: 22-33)

De una forma breve y resumida se puede observar como Pedro pudo hacer lo que ningún hombre había hecho jamás, Caminar sobre las aguas. Y esto no lo hizo por sus propias fuerzas y capacidades, sino que lo hizo bajo los siguientes principios:

1. **Voluntad y Deseo**: *"Señor, si eres tú, manda que yo vaya a ti sobre las aguas"* Pedro deseo caminar sobre las aguas.

2. **La Palabra y el Llamado de Jesús**: *"Y él dijo: Ven."* Jesús lo llamo.

3. **La Obediencia**: *"Y descendiendo Pedro de la barca"* Pedro creyó por fe y se dispuso a hacerlo.

4. **El Hecho Sobrenatural**: *"andaba sobre las aguas para ir a Jesús."* Pedro camino sobre las aguas.

Esto nos deja una enseñanza hermosa, y es que cuando caminamos bajo los principios de Dios, el hombre puede ir más allá de sus propias capacidades naturales.

A Dios le agrada que caminemos junto a Él, la decisión del hombre en obediencia y Dios operando en lo sobrenatural.

Caminando con Dios en los Caminos Aéreos

En la dimensión espiritual, el camino aéreo representa elevación, visión, ligereza y comunión con lo alto. No es un trayecto físico, sino una experiencia que ocurre cuando el hombre es llevado por Dios a niveles superiores de revelación, propósito y autoridad.

La Escritura nos muestra que hay momentos en los que Dios eleva al hombre, lo traslada a esferas celestiales, y lo hace partícipe de realidades invisibles. Uno de los ejemplos más poderosos lo encontramos en la experiencia del apóstol Pablo:

"Conozco a un hombre en Cristo, que hace catorce años (si en el cuerpo, no lo sé; si fuera del cuerpo, no lo sé; Dios lo sabe) fue arrebatado hasta el tercer cielo... fue arrebatado al paraíso, y oyó

palabras inefables que no le es dado al hombre expresar." (2 Corintios 12:2–4)

Este pasaje revela que el hombre, cuando camina con Dios, puede ser trasladado a dimensiones celestiales, no por mérito propio, sino por gracia y propósito divino. Pablo no se exaltó por esta experiencia, sino que la presentó con humildad, reconociendo que fue Dios quien lo llevó.

Principios que se desprenden de este camino aéreo:

> - **Intimidad con Dios**: Solo quienes caminan en comunión profunda pueden ser elevados a tales revelaciones.
> - **Humildad**: Pablo no presume, sino que se oculta detrás de la experiencia, mostrando que el camino aéreo no es para vanagloria.
> - **Revelación:** En las alturas, se oyen cosas que no pueden ser expresadas en lenguaje humano. Es el terreno de lo inefable.
> - **Propósito eterno**: Dios no eleva al hombre por espectáculo, sino para depositar en él verdades que transforman su ministerio y su visión.

Así como Pedro caminó sobre las aguas por fe y obediencia, Pablo fue llevado a los cielos por comunión y propósito. Ambos muestran que caminar con Dios rompe los límites naturales y abre caminos que solo pueden recorrerse en el Espíritu.

Caminando con Dios en los Caminos Terrenales

El camino terrenal representa la vida cotidiana, el esfuerzo constante, la lucha contra los obstáculos visibles y la perseverancia en medio de lo concreto. Es el trayecto que todos recorremos, pero no todos lo transitan con propósito ni con dirección divina.

La Escritura nos revela que incluso en lo terrenal, Dios puede elevar al hombre. No lo saca del suelo, sino que lo hace andar sobre las alturas de la tierra. Así lo declara el profeta Isaías:

"Entonces te deleitarás en Jehová; y yo te haré subir sobre las alturas de la tierra, y te daré a comer la heredad de Jacob tu padre; porque la boca de Jehová lo ha hablado." (Isaías 58:14)

Este pasaje es una promesa para aquellos que obedecen la voz de Dios, que guardan Su día santo y que se apartan de sus propios caminos para caminar con Dios. La recompensa no es solo espiritual, sino también territorial y generacional: herencia, deleite, y elevación.

Principios que se desprenden de este camino terrenal elevado:

> ➤ **Obediencia práctica**: El texto conecta la elevación con guardar el día del Señor y honrarlo en lo cotidiano. Es obedecer en lo concreto.
> ➤ **Renuncia al ego**: "No andando en tus propios caminos..." implica dejar de lado la autosuficiencia para caminar en la voluntad de Dios.
> ➤ **Elevación en lo terrenal**: No se trata de escapar del mundo, sino de ser elevado dentro de él, sobre sus sistemas, sus conflictos y sus limitaciones.
> ➤ **Acceso a la herencia**: El que camina con Dios en lo terrenal no solo sube montañas, sino que posee promesas que otros no alcanzan.

Caminar en lo plano es fácil. Pero subir montañas requiere fuerza, visión, resistencia y guía. Y Dios promete que, si caminamos con Él, nos hará andar sobre las cimas, donde el aire es más puro, la vista más clara y la comunión más profunda.

Caminando con Dios en los Caminos como Proceso Estructurado

El camino como proceso estructurado no es improvisado ni caótico. Es una secuencia ordenada, guiada por principios, diseñada para producir frutos. En lo espiritual, este tipo de camino se asemeja al discipulado, a la santificación progresiva, y a la obediencia constante a los mandamientos de Dios.

La Escritura lo confirma en Deuteronomio 5:33:

"Andad en todo el camino que Jehová vuestro Dios os ha mandado, para que viváis, y os vaya bien, y prolonguéis vuestros días en la tierra que habéis de poseer."

Este pasaje revela que caminar con Dios en un proceso estructurado implica:

➢ **Mandato claro**: "Andad en todo el camino que Jehová os ha mandado." No es un camino inventado por el hombre, sino trazado por Dios, con instrucciones precisas.
➢ **Propósito definido**: "Para que viváis…" El proceso tiene como fin la vida, no solo biológica, sino espiritual, abundante y eterna.
➢ **Resultado medible**: "…y os vaya bien…" El camino de Dios produce bienestar, paz, dirección y bendición tangible.
➢ **Prolongación y herencia**: "…y prolonguéis vuestros días en la tierra…" El proceso no solo transforma al individuo, sino que impacta generaciones y garantiza permanencia.

Caminar con Dios en este tipo de camino requiere disciplina, obediencia, paciencia y fidelidad. No es un salto emocional, sino una marcha constante, donde cada paso está alineado con Su voluntad.

Caminando con Dios en los Caminos como un Aprendizaje Neurológico

El camino como aprendizaje neurológico se forma en la mente del hombre. Es invisible, pero poderoso. Cada pensamiento repetido, cada emoción sostenida, cada decisión tomada, va trazando rutas internas que condicionan la forma de vivir. Caminar con Dios en este tipo de camino no significa solo creer en Él, sino pensar como Él, renunciar a las rutas mentales del pasado, y adoptar una nueva forma de pensamiento que refleje Su voluntad.

La Escritura lo expresa con claridad en Romanos 12:2:

"No os conforméis a este siglo, sino transformaos por medio de la renovación de vuestro entendimiento, para que comprobéis cuál sea la buena voluntad de Dios, agradable y perfecta."

Este texto revela que el caminar espiritual comienza en la mente. No se trata de cambiar de lugar, sino de cambiar de mentalidad. La renovación del entendimiento es el proceso por el cual el creyente deja atrás los patrones del mundo y adopta los pensamientos de Dios.

Pero ¿cómo es posible pensar como Dios? La respuesta está en 1 Corintios 2:16:

"Porque ¿quién conoció la mente del Señor? ¿Quién le instruirá? Mas nosotros tenemos la mente de Cristo."

Caminar con Dios en este tipo de camino significa alinear nuestros pensamientos con los de Cristo, dejar que Su Palabra forme nuevas rutas mentales, y permitir que el Espíritu Santo reeduque nuestra forma de ver, sentir y decidir.

El contraste entre los pensamientos de Dios y los del hombre es revelado en Isaías 55:8-9, donde Dios declara:

"Porque mis pensamientos no son vuestros pensamientos, ni vuestros caminos mis caminos, dice Jehová. Como son más altos los cielos que la tierra, así son mis caminos más altos que vuestros caminos, y mis pensamientos más que vuestros pensamientos."

Aquí se nos recuerda que los pensamientos de Dios son más elevados, más puros, más sabios. Pero en Cristo, ahora podemos acceder a esa altura mental, no por mérito, sino por gracia. La mente de Cristo nos permite caminar en rutas mentales que antes eran inaccesibles: pensamientos de fe, perdón, pureza, visión, esperanza.

Principios que se desprenden de este camino:

➢ **Renuncia al Pensamiento Antiguo**: No se puede caminar con Dios si se sigue pensando como antes.
➢ **Transformación Progresiva**: La renovación del entendimiento es un proceso, no un evento.
➢ **Acceso a la Mente de Cristo**: El creyente no solo recibe instrucciones, sino que participa de la forma de pensar divina.
➢ **Elevación Espiritual**: Caminar con Dios en este nivel es pensar desde lo alto, no desde lo terrenal.

Caminando con Dios en los Caminos como Conducta Humana

La conducta humana es el reflejo visible del camino interior. Es el comportamiento que otros observan, el fruto de lo que el hombre cree, piensa y decide. Caminar con Dios no solo transforma la fe, sino también la forma de vivir. Y esa transformación se manifiesta en tres dimensiones esenciales:

1. El hombre en relación con Dios

El primer cambio en la conducta ocurre en la forma en que el hombre se relaciona con su Creador. Ya no vive en indiferencia, rebelión o autosuficiencia, sino en reverencia, obediencia y comunión.

"En cuanto a la pasada manera de vivir, despojaos del viejo hombre, que está viciado conforme a los deseos engañosos, y renovaos en el espíritu de vuestra mente, y vestíos del nuevo hombre, creado según Dios en la justicia y santidad de la verdad." (Efesios 4:22–24)

Caminar con Dios implica renunciar a la vieja naturaleza y vestirse de una nueva, moldeada por la justicia y la santidad. El hombre ya no vive para sí, sino para agradar a Dios en todo lo que hace.

"¿Quién es el hombre que teme a Jehová? Él le enseñará el camino que ha de escoger." (Salmos 25:12)

2. El hombre en relación consigo mismo

La conducta también se transforma en el ámbito interno. El hombre que camina con Dios aprende a dominar sus impulsos, a renovar sus pensamientos y a vivir con integridad emocional.

"Airaos, pero no pequéis; no se ponga el sol sobre vuestro enojo, ni deis lugar al diablo." (Efesios 4:26–27)

Aquí se enseña que incluso las emociones legítimas deben ser gobernadas. El creyente no se deja arrastrar por la ira, el resentimiento o el orgullo, sino que cultiva dominio propio y madurez espiritual.

"El que cumple el mandamiento cumple consigo mismo; el que descuida su conducta morirá." (Proverbios 19:16)

3. El hombre en relación con los demás

La conducta del creyente se evidencia en su trato con las personas. Caminar con Dios implica vivir en verdad, justicia, compasión y edificación mutua.

"Ninguna palabra corrompida salga de vuestra boca, sino la que sea buena para la necesaria edificación, a fin de dar gracia a los oyentes." (Efesios 4:29)

"Quítense de vosotros toda amargura, enojo, ira, gritería y maledicencia, y toda malicia. Antes sed benignos unos con otros, misericordiosos, perdonándoos unos a otros, como Dios también os perdonó a vosotros en Cristo." (Efesios 4:31–32)

El hombre que camina con Dios no solo evita el mal, sino que practica activamente el bien. Su conducta es luz en medio de la oscuridad, y su vida se convierte en testimonio.

"Que los creyentes vean en ti un ejemplo a seguir en la manera de hablar, en la conducta, y en amor, fe y pureza." (1 Timoteo 4:12)

Principios que se desprenden de este camino:

➢ La conducta del creyente es coherente con su fe.
➢ Caminar con Dios implica transformación visible, no solo interna.
➢ La relación con Dios, consigo mismo y con los demás se purifica y se fortalece.
➢ El viejo hombre se despoja, y el nuevo se manifiesta en acciones concretas.

Reflexión Personal: "El Lenguaje de Dios en Cada Camino"

Tu conducta habla, incluso cuando tus labios callan. Lo que haces, cómo reaccionas, cómo tratas a los demás… todo revela por qué camino estás andando.

¿Tu forma de vivir refleja que caminas con Dios, o que caminas por tu cuenta?

¿Qué ven los demás cuando te observan: paciencia o impulsividad, compasión o juicio, verdad o conveniencia?

¿Cómo es tu relación con Dios: íntima, obediente, reverente… o distante, ocasional, superficial?

¿Y contigo mismo? ¿Te hablas con gracia o con condena? ¿Te perdonas o te castigas? ¿Te edificas o te saboteas?

¿Y con los demás? ¿Eres puente o muro? ¿Eres bálsamo o herida? ¿Eres reflejo de Cristo o eco del mundo?

La conducta no se cambia por esfuerzo humano, sino por comunión con Dios. Pero esa comunión comienza con una decisión: caminar con Él, cada día, en cada paso, en cada gesto.

Hoy es un buen día para revisar tu andar. No para juzgarte, sino para redirigirte. No para lamentarte, sino para levantarte. Porque el Dios que te llama a caminar con Él, también te da la fuerza para hacerlo.

Palabras al Oído

"Hijo mío... hija mía... Yo he visto cada paso que has dado.

He estado allí cuando tropezaste, cuando dudaste, cuando te alejaste.

Pero también estoy aquí, ahora, llamándote a caminar conmigo. No te pido perfección, te pido disposición.

No te exijo fuerza, te ofrezco la mía.

Yo soy el Dios que transforma la conducta, que sana el carácter, que renueva el corazón.

Si me dejas entrar, caminaré contigo en tus relaciones, en tus pensamientos, en tus decisiones.

Yo haré de ti un testimonio vivo, una luz en medio de la oscuridad.

No estás solo. No estás perdida.

Yo soy tu guía, tu paz, tu restaurador.

Camina conmigo... y verás cómo tu vida se convierte en reflejo de mi amor."

Capítulo 7

EL CAMINO

Jesús: El Único Camino

Capítulo 7

EL CAMINO

Jesús: El Único Camino

En el capítulo anterior, exploramos lo que el hombre puede lograr cuando camina junto a Dios. Las Escrituras nos muestran que muchos hombres escucharon la voz divina y obedecieron su dirección. Noé obedeció y fue salvo del juicio. Abraham obedeció y se convirtió en padre de una nación apartada. Moisés obedeció y liberó al pueblo escogido. Y así, muchos más.

Pero surge una pregunta inevitable: ¿Esa obediencia restituyó lo que se perdió en el Edén? ¿Volvió alguno de ellos a ser lo que Adán fue antes de caer? ¿Puede el hombre, por obediencia, regresar al estado original?

Obedecer a Dios trae bendición, sí. Pero ¿es suficiente para restaurar la gloria perdida?

Estas preguntas nos conducen al corazón de este capítulo: Jesús: Yo Soy el Camino.

Porque si Adán abrió la puerta a la caída, Jesús abre el camino a la redención de la humanidad.

Si el pecado desfiguró el diseño original, Jesús es el camino para restaurar el propósito del hombre.

Si el ser humano quedó fragmentado, Jesús es el camino para la transformación del cuerpo, alma y espíritu.

Si el Edén fue cerrado, Jesús es el camino que conduce a la vida eterna.

111

Si la culpa nos separó, Jesús es el camino hacia el perdón eterno.

Si las heridas nos marcaron, Jesús es el camino hacia la sanidad integral.

Y si la desobediencia nos condenó, Jesús es el camino hacia la obediencia perfecta.

Cada uno de estos caminos no es una ruta externa. Es una persona. Es Jesús. Y en Él, el hombre no solo camina con Dios… Camina de regreso a casa.

Jesús, el Camino Hacia la Redención de la Humanidad Caída

Si alguna vez te has sentido atrapado en la repetición de errores, en la sombra de lo que heredaste sin pedirlo… este camino es para ti. Porque Jesús no vino a juzgar tu historia, sino a reiniciarla.

Adán fue el inicio de la humanidad caída. Su desobediencia no solo rompió la comunión con Dios, sino que abrió la puerta a una herencia de dolor, separación y pecado que se ha perpetuado generación tras generación. Desde entonces, todo hombre ha nacido bajo esa sombra. Incluso los grandes, los escogidos, los que caminaron con Dios… todos, en algún momento, cayeron.

"Por cuanto todos pecaron y están destituidos de la gloria de Dios." (Romanos 3:23)

La historia lo confirma:

Noé, el justo que halló gracia ante los ojos de Dios, fue preservado del juicio por agua. Pero después del Diluvio, su embriaguez provocó una maldición generacional que salió de su propia boca (Génesis 9:21–25).

Abraham, el padre de la fe, fue escogido para formar una nación santa. Sin embargo, en su impaciencia, engendró un hijo con la esclava, produciendo un conflicto en las generaciones de Isaac e Ismael que han perdurado hasta el sol de hoy (Génesis 16).

David, el rey conforme al corazón de Dios, escribió salmos de adoración y vivió momentos de profunda intimidad con el Altísimo. Pero también planificó el asesinato de Urías para encubrir su pecado con Betsabé (2 Samuel 11).

Salomón, el sabio por excelencia, construyó el templo y recibió revelación divina. Pero terminó seducido por mujeres extranjeras, construyendo altares para dioses ajenos (1 Reyes 11).

Estos hombres fueron grandes, sí. Pero también fueron humanos. Y su humanidad, marcada por la caída de Adán, los llevó a tropezar. Porque la naturaleza pecaminosa no se corrige con esfuerzo, ni con conocimiento, ni con posición espiritual. Solo puede ser redimida.

Pero entonces vino Jesús. No para repetir la historia, sino para reiniciarla desde la obediencia perfecta. Él no cayó. Él no dudó. Él no se desvió. Él obedeció hasta la muerte, y con su resurrección inauguró una nueva humanidad: redimida, restaurada, reconciliada.

"Así también está escrito: Fue hecho el primer hombre Adán alma viviente; el postrer Adán, espíritu vivificante." (1 Corintios 15:45)

Jesús no solo vino a perdonar pecados. Vino a romper la cadena hereditaria del pecado, a liberar al hombre de su naturaleza caída, y a establecer un nuevo linaje espiritual. En Él, el hombre deja de repetir la historia de Adán, y comienza a caminar hacia la plenitud del diseño original.

Fuera de Cristo, el hombre vuelve a su naturaleza. En Cristo, el hombre camina hacia la redención. No por mérito, sino por gracia. No por esfuerzo, sino por fe. No por religión, sino por relación.

Jesús es el segundo Adán. Pero no es una copia mejorada. Es el origen de una nueva creación. Y en Él, el hombre no solo es perdonado... Es transformado.

Jesús, es el Camino Hacia la Redención de la Humanidad Caída.

Jesús, el Camino para Restaurar el Propósito Original del Hombre

Si alguna vez has sentido que tu vida no tiene dirección, que tus esfuerzos no alcanzan plenitud, que algo falta, aunque todo parezca estar en orden... este camino es para ti. Porque Jesús no solo te salva: te restaura para que vivas el propósito que Dios soñó contigo desde el principio.

Desde el principio, Dios no solo creó al hombre: lo diseñó con propósito. En Génesis 1:28, el Creador establece cinco mandatos esenciales que definen la razón de ser del ser humano:

"Fructificad y multiplicaos; llenad la tierra, y sojuzgadla; y señoread sobre los peces del mar, las aves de los cielos y todas las bestias que se mueven sobre la tierra." (Génesis 1:28)

Estos cinco propósitos —fructificar, multiplicarse, llenar la tierra, sojuzgarla y señorear— no eran tareas aisladas, sino expresiones de una autoridad espiritual, moral y funcional que el hombre recibió como imagen de Dios.

Pero cuando el pecado entró, esa autoridad fue quebrada. El hombre perdió su posición, su comunión, su capacidad de gobernar con justicia. Y aunque Dios preservó la vida humana tras el Diluvio, el mandato fue reducido:

"Fructificad y multiplicaos, y llenad la tierra." (Génesis 9:1)

Los tres primeros propósitos permanecen como funciones biológicas y sociales, pero los últimos dos —sojuzgar y señorear— quedaron inhabilitados, porque el hombre ya no podía ejercer dominio sin corromperlo.

Pero entonces vino Jesús. Y con Él, la restauración del diseño original.

"Toda autoridad me es dada en el cielo y en la tierra." (Mateo 28:18)

Jesús no solo recuperó la autoridad perdida: La transfirió a todo aquel que cree en Él. En su nombre, el hombre vuelve a caminar en propósito. No como antes, sino con una naturaleza redimida, guiada por el Espíritu.

Fructificar

Jesús redefine el fruto no como producción humana, sino como resultado de la permanencia en Él:

"El que permanece en mí, y yo en él, éste lleva mucho fruto." (Juan 15:5)

El fruto ya no es solo físico o material. Es espiritual, eterno, visible en carácter, servicio y transformación.

Multiplicarse

El mandato de multiplicarse se transforma en expansión de la familia de Dios. Ya no se trata solo de descendencia biológica, sino de hijos nacidos del Espíritu.

"Mi madre y mis hermanos son los que oyen la palabra de Dios y la hacen." (Lucas 8:21)

La Iglesia se convierte en la nueva familia, y cada creyente en agente de multiplicación espiritual.

Llenar la tierra

Jesús envía a sus discípulos a llenar la tierra con el mensaje del Reino:

"Id y haced discípulos a todas las naciones…" (Mateo 28:19)

"Y me seréis testigos… hasta lo último de la tierra." (Hechos 1:8)

El propósito de llenar la tierra se cumple ahora por medio de la predicación del Reino de Dios, la misión y el testimonio.

Sojuzgarla

El dominio sobre la tierra ya no es físico, sino espiritual y judicial. En Cristo, el creyente tiene autoridad para discernir, juzgar y resistir las fuerzas del mal.

¿O no sabéis que los santos han de juzgar al mundo? Y si el mundo ha de ser juzgado por vosotros, ¿sois indignos de juzgar cosas muy pequeñas? ¿O no sabéis que hemos de juzgar a los ángeles? ¿Cuánto más las cosas de esta vida? (1 Corintios 6:2)

"Y reinarán con Cristo mil años." (Apocalipsis 20:4-5)

Sojuzgar la tierra implica restaurar el orden divino, no imponer poder humano.

Señorear sobre los Animales (Reino Espiritual)

El dominio sobre los animales se interpreta ahora como autoridad sobre el reino espiritual, incluyendo potestades, ángeles caídos y fuerzas invisibles.

"Toda autoridad me es dada..." (Mateo 28:18)

"¿No sabéis que juzgaremos a los ángeles?" (1 Corintios 6:3)

"Vosotros, como piedras vivas... sois sacerdocio santo." (1 Pedro 2:5)

"A los ángeles que no guardaron su dignidad... los ha reservado bajo oscuridad." (Judas 6)

En Cristo, el hombre no solo recupera el dominio: Lo ejerce con justicia, sabiduría y santidad.

El pecado desfiguró el diseño. La religión lo intentó reparar. Pero solo Jesús lo restauró completamente.

En Él, el hombre no solo camina con Dios. Camina en propósito. Y cada paso, cada fruto, cada decisión, cada batalla... Es parte de una historia que comenzó en el Edén, fue redimida en la cruz, y se consumará en gloria.

Jesús, es el Camino para Restaurar el Propósito Original del Hombre.

Jesús, el Camino para la Transformación del Cuerpo, Alma y Espíritu

Si alguna vez has sentido que estás dividido por dentro, que tu cuerpo carga lo que tu alma no puede explicar, y que tu espíritu busca sin encontrar... este camino es para ti. Porque Jesús no vino a reparar partes, sino a regenerarte por completo: cuerpo, alma y espíritu, en perfecta armonía con el cielo.

La restauración que Jesús ofrece no es parcial ni simbólica. Es integral. Es total. Es profunda. No vino a mejorar al hombre, ni a corregir su conducta. Vino a regenerarlo completamente. Para que pueda volver al Edén, no como visitante, sino como hijo.

Espíritu: Nacer de lo alto

Cuando Nicodemo se acercó a Jesús, buscando comprender el Reino de Dios, recibió una respuesta que rompía toda lógica religiosa:

"De cierto, de cierto te digo, que el que no naciere de nuevo, no puede ver el Reino de Dios." (Juan 3:3)

Jesús no hablaba de reforma, sino de renacimiento espiritual. Y lo explicó con claridad:

"El que no naciere de agua y del Espíritu, no puede entrar en el Reino de Dios." (Juan 3:5)

Este nuevo nacimiento no es obra humana. Es el resultado del bautismo en el Espíritu Santo, que sella al creyente con una nueva identidad.

"El Espíritu mismo da testimonio a nuestro espíritu, de que somos hijos de Dios." (Romanos 8:16)

En Cristo, el espíritu del hombre —muerto por el pecado— resucita por el poder del Espíritu Santo. Y comienza a caminar en comunión, discernimiento y vida eterna.

Cuerpo: Transformado por el Agua y la Gloria

El nacimiento "del agua" no es solo simbólico. Es un acto profético que señala la transformación del cuerpo, su consagración y su futura glorificación.

El bautismo en agua representa muerte al viejo hombre y resurrección en Cristo. Pero también anticipa la transformación física que ocurrirá en la resurrección final.

"Se siembra cuerpo natural, resucitará cuerpo espiritual." (1 Corintios 15:44)

"Seremos transformados… en un abrir y cerrar de ojos." (1 Corintios 15:52)

Jesús no solo redime el alma. Redime el cuerpo, lo santifica, lo prepara para la gloria.

Alma: El Corazón de Piedra se convierte en Corazón de Carne

La transformación del alma es quizás la más visible en la vida diaria. La Biblia asocia el alma con el corazón, el centro de las emociones, decisiones y afectos.

Y Dios lo profetizó:

"Y les daré un corazón, y un espíritu nuevo pondré dentro de ellos; y quitaré el corazón de piedra… y les daré un corazón de carne." (Ezequiel 11:19)

Este cambio no es superficial. Es el resultado del bautismo con fuego, anunciado por Juan el Bautista:

"Él os bautizará en Espíritu Santo y fuego." (Mateo 3:11)

Ese fuego no solo purifica. Transforma el corazón, lo llena del amor de Dios, lo capacita para renunciar a lo más preciado por amor.

Lo vemos en los primeros creyentes:

"Y se les aparecieron lenguas repartidas, como de fuego… y todos fueron llenos del Espíritu Santo." (Hechos 2:3–4)

Y sus acciones lo confirmaron:

"No había entre ellos ningún necesitado… vendían sus propiedades y las repartían según la necesidad de cada uno." (Hechos 2:44–47)

El alma transformada deja de vivir para sí. Vive para Dios y para los demás.

Jesús es el camino de la transformación integral

El hombre no necesita una mejora. Necesita una nueva creación. Su espíritu debe nacer de lo alto. Su cuerpo debe ser consagrado y glorificado. Su alma debe ser encendida por el fuego del amor divino. Y todo esto solo ocurre en Cristo. Él no es solo el camino al cielo. Jesús, es el Camino para la Transformación del Cuerpo, Alma y Espíritu

Jesús, el Camino que Conduce a la Vida Eterna

Si alguna vez has sentido que la muerte es un muro final, que la vida se escapa sin sentido, que el Edén está demasiado lejos… este camino es para ti. Porque Jesús no vino solo a prolongar la existencia: vino a abrir la puerta a la vida eterna, donde el árbol de la vida vuelve a florecer y el alma encuentra su hogar.

El Edén no está perdido. Está guardado. Y el acceso no es por mérito, ni por religión, ni por esfuerzo humano. Es por sangre.

La Caída: el Hombre se aleja del Árbol de la Vida

Cuando Adán y Eva pecaron, no solo desobedecieron. Rompieron el vínculo con la vida. Y Dios, en su justicia, los expulsó del Edén para que no comieran del árbol de la vida en su estado caído:

"Y dijo Jehová Dios: He aquí el hombre es como uno de nosotros, sabiendo el bien y el mal; ahora, pues, que no alargue su mano, y tome también del árbol de la vida, y coma, y viva para siempre." (Génesis 3:22)

El hombre fue aislado del árbol de la vida, no por castigo caprichoso, sino por protección divina: No podía vivir eternamente en corrupción.

Desde entonces, la humanidad ha vivido bajo la sombra de esa separación. La muerte entró, no como accidente, sino como consecuencia del pecado:

"Por tanto, como el pecado entró en el mundo por un hombre, y por el pecado la muerte..." (Romanos 5:12)

La condenación no fue impuesta arbitrariamente. Fue el resultado directo de la decisión humana de apartarse de Dios.

Jesús: El Único Camino

La Salvación: El Acceso se Abre en Cristo

Pero Dios no abandonó su diseño. Desde el principio, trazó un plan de redención. Y ese plan culmina en Jesús, quien no solo perdona, sino restaura el acceso a la vida eterna.

"Porque de tal manera amó Dios al mundo, que ha dado a su Hijo unigénito, para que todo aquel que en él cree, no se pierda, más tenga vida eterna." (Juan 3:16)

El árbol de la vida no fue destruido. Fue reservado para los redimidos. Y el acceso no se gana. Se recibe por gracia, a través de la sangre del Cordero.

"Al que venciere... le daré a comer del árbol de la vida." (Apocalipsis 2:7)

"Bienaventurados los que lavan sus ropas... para entrar por las puertas en la ciudad." (Apocalipsis 22:14)

El Arca: Figura Profética de Salvación

Antes del juicio del Diluvio, Dios instruyó a Noé para construir un arca. No como refugio humano, sino como instrumento divino de salvación.

"Y haré contigo pacto, y entrarás en el arca tú, tus hijos, tu mujer, y las mujeres de tus hijos contigo." (Génesis 6:18)

El arca no evitó el juicio. Lo atravesó. Y los que estaban dentro fueron preservados.

Así también, Jesús es el arca de salvación. No evita el juicio, pero protege a los que están en Él. Y los conduce, no a una tierra nueva, sino a una vida nueva.

Jesús: El Camino a la Vida Eterna

Jesús no solo abre el camino. Él es el camino.

"Yo soy el camino, y la verdad, y la vida; nadie viene al Padre, sino por mí." (Juan 14:6)

Y más aún, Él es la resurrección misma:

"Yo soy la resurrección y la vida; el que cree en mí, aunque esté muerto, vivirá." (Juan 11:25)

En Él, el Edén perdido se convierte en destino eterno. El árbol de la vida, antes inaccesible, ahora espera a los que vencen en Cristo. Y la muerte, que reinó por milenios, es vencida por la vida que fluye del Hijo.

La humanidad fue expulsada del Edén. Pero en Cristo, la puerta se abre nuevamente. No por mérito. No por religión. Sino por amor. Por sangre. Por fe.

Jesús es el camino. Y en Él, el hombre no solo vive... Vuelve a vivir para siempre.

Jesús, es el Camino que Conduce a la Vida Eterna.

Jesús, el Camino hacia el Perdón Eterno y Definitivo

Si alguna vez has sentido que el peso de tus errores es demasiado grande, que la culpa te persigue incluso cuando nadie la menciona... este camino es para ti. Porque Jesús no vino a recordarte lo que hiciste, sino a sustituirte en el castigo, a tomar tu lugar en la cruz, y a decirte con su sangre: "Ya está pagado."

El perdón no es una idea tardía. Es una promesa que nació en el mismo momento de la caída. Cuando Adán y Eva pecaron, su desnudez se convirtió en vergüenza, y su vergüenza en separación.

123

Pero Dios, en su misericordia, no los dejó cubiertos con hojas. Él mismo les hizo túnicas de pieles:

"Y Jehová Dios hizo al hombre y a su mujer túnicas de pieles, y los vistió." (Génesis 3:21)

Este acto, aparentemente simple, es el primer sacrificio registrado en la Biblia. Un animal inocente debió morir para cubrir la vergüenza del hombre. Y así comenzó el patrón: La sangre inocente como cobertura del pecado.

El Patrón del Sacrificio: Sombras del Cordero

Desde entonces, Dios estableció un camino de redención que anticipaba a Jesús:

Abel ofreció un sacrificio aceptable: un cordero, derramando sangre (Génesis 4:4).

En Éxodo, el cordero pascual protegía del juicio.

En Isaías, el siervo sufriente es descrito como el Cordero.

Y en Juan, la revelación se completa.

"Sin derramamiento de sangre no se hace remisión." (Hebreos 9:22)

Cada sacrificio del Antiguo Testamento fue una sombra, una señal, una espera. Pero Jesús no fue una sombra. Fue la sustancia.

El Sufrimiento del Cordero: De Getsemaní a la Cruz

La redención no fue fácil. Fue dolorosa, intensa, sangrienta, santa.

En Getsemaní, Jesús sudó como gotas de sangre.

En el juicio, fue escupido, golpeado, humillado.

En el camino al Calvario, cargó la cruz que no era suya. Cada paso fue una sustitución, cada herida una transferencia.

En la cruz, fue traspasado, colgado, expuesto.

Jesús no solo murió. Sufrió lo que tú y yo debimos sufrir. Es como si nos hubiera bajado de la cruz que merecíamos... Y se puso Él en nuestro lugar.

La Sustitución Profetizada

Este principio de sustitución está presente desde el Génesis:

Set, hijo de Adán, fue llamado así porque en su descendencia surgiría el sustituto perfecto para la redención del hombre. "Set" significa sustitución en hebreo.

En Moriah, Isaac iba a ser sacrificado, pero Dios proveyó un carnero, y en lugar de ser sacrificado Isaac fue sacrificado aquel carnero.

Cada historia apuntaba a una verdad: El inocente tomaría el lugar del culpable. Y en Jesús, esa verdad se hizo carne, nosotros los culpables y el, el inocente.

Jesús: El Sacrificio Perfecto

Jesús no fue uno más. Fue el último, el definitivo, el perfecto, el suficiente.

"Porque de tal manera amó Dios al mundo, que ha dado a su Hijo unigénito..." (Juan 3:16)

Su sangre no cubre provisionalmente. Limpia eternamente. Su cruz no es símbolo. Es sustitución. Es redención. Es amor.

Desde el Edén hasta el Calvario, Dios ha anunciado que el perdón requiere sangre. Pero no cualquier sangre. La del Cordero sin mancha.

Jesús no solo murió por nosotros. Murió en lugar de nosotros. Y en esa cruz, el juicio fue absorbido, la culpa fue borrada, y el perdón fue sellado.

Jesús, es el Camino hacia el Perdón Eterno y Definitivo

Jesús, el Camino hacia la Sanidad Integral del Ser Humano

Si alguna vez has sentido que algo dentro de ti está roto, que hay heridas que no se ven pero que duelen, que tu alma pide auxilio, aunque tu cuerpo siga adelante… este camino es para ti. Porque Jesús no solo sana lo físico: Él toca lo profundo, lo invisible, lo olvidado. Y donde otros ponen diagnósticos, Él pone restauración.

Jesús no es solo el camino hacia el cielo. Es el camino de restauración presente. Su obra no se limita a la eternidad futura, sino que invade el presente con poder sanador. Desde el cuerpo hasta el alma, desde la emoción hasta el espíritu, Jesús sana cada rincón del ser humano.

La profecía: Isaías 61

Muchos siglos antes del nacimiento de Jesús, el profeta Isaías anunció la misión del Mesías con una precisión asombrosa:

"El Espíritu de Jehová el Señor está sobre mí, porque me ungió Jehová..." (Isaías 61:1)

Y Jesús, al comenzar su ministerio, leyó este pasaje en la sinagoga de Nazaret y declaró:

"Hoy se ha cumplido esta Escritura delante de vosotros." (Lucas 4:21)

Y no solo fue una lectura profética, fue la evidencia en su vida que Él es de quien hablaba el profeta Isaías, por lo que podemos ver lo siguiente:

Diez Acciones Proféticas Cumplidas en Jesús

1. "El Espíritu de Jehová el Señor está sobre mí..."

Jesús fue ungido en su bautismo:

"Y descendió el Espíritu Santo sobre él en forma corporal, como paloma..." (Lucas 3:22)

La unción no fue simbólica. Fue el inicio de una misión de sanidad integral asistida con el Espíritu Santo de Dios en Jesús.

2. "porque me ungió Jehová..."

En el acto del bautismo, Dios, El Creador, reconoció a su Hijo y su sentimiento hacia él.

"...y vino una voz del cielo que decía: Tú eres mi Hijo amado; en ti tengo complacencia." (Lucas 3:22)

La complacencia se basó en la condición de Jesús como un humano obediente a Dios y sin mancha de pecado.

3. "Me ha enviado a predicar buenas nuevas a los abatidos..."

Jesús predicó esperanza a los marginados, a los pobres, a los quebrantados:

"Bienaventurados los pobres en espíritu... los que lloran... los mansos..." (Mateo 5:3–5)

Su mensaje no fue de condena, sino de restauración para los que no tenían voz.

4. "A vendar a los quebrantados de corazón..."

Jesús sanó heridas emocionales profundas:

A la mujer del flujo de sangre, le dijo: *"Hija, tu fe te ha salvado; ve en paz."* (Lucas 8:48)

Al leproso rechazado, lo tocó y lo limpió (Mateo 8:3).

A la mujer adúltera, le devolvió dignidad (Juan 8:11).

Donde había vergüenza, Él puso honra. Donde había dolor, Él puso paz.

5. "A publicar libertad a los cautivos..."

Jesús liberó a los oprimidos por el pecado:

"Si el Hijo os libertare, seréis verdaderamente libres." (Juan 8:36)

No solo rompió cadenas físicas, sino las cadenas invisibles del alma.

6. "Y a los presos apertura de la cárcel..."

Muchos viven en prisiones internas: culpa, miedo, adicciones. Jesús tiene poder para abrir esas puertas:

"El Espíritu del Señor está sobre mí... para poner en libertad a los oprimidos." (Lucas 4:18)

7. "A proclamar el año de la buena voluntad de Jehová..."

Jesús anunció salvación para el que cree y juicio para el que rechaza:

"El que cree en él no es condenado; pero el que no cree, ya ha sido condenado..." (Juan 3:18)

Su mensaje es claro: Hoy es el día de gracia. Mañana puede ser el día de juicio.

8. "A consolar a todos los enlutados..."

Jesús consuela por medio del Espíritu Santo:

"Y yo rogaré al Padre, y os dará otro Consolador..." (Juan 14:16)

Él no solo acompaña el duelo. Lo transforma en esperanza.

9. "A ordenar que a los afligidos se les dé gloria en lugar de ceniza..."

Jesús transforma estados emocionales:

Óleo de gozo en lugar de luto.

Manto de alegría en lugar de espíritu angustiado.

Lo vemos en los discípulos: Después del Pentecostés, la tristeza se convirtió en valentía, el temor en gozo, la angustia en misión (Hechos 2:43–47).

10. "Serán llamados árboles de justicia..."

Jesús no solo sana. Planta. Restaura. Redifica.

"El que permanece en mí... lleva mucho fruto." (Juan 15:5)

Los que son sanados por Él, se convierten en instrumentos de sanidad para otros. Las ruinas emocionales, espirituales y familiares son reedificadas por su poder.

Restauración Emocional y Espiritual

Jesús no vino solo a curar enfermedades físicas. Vino a restaurar el alma rota, el corazón herido, el espíritu apagado.

Donde hay ansiedad, Él trae paz.

Donde hay depresión, Él trae gozo.

Donde hay culpa, Él trae perdón.

Donde hay vacío, Él trae plenitud.

Su sanidad no es superficial. Es profunda, duradera, transformadora.

Jesús es el cumplimiento de Isaías 61. No solo lo leyó. Lo encarnó. Lo vivió. Lo derramó.

Él es el camino de la sanidad total del hombre. En lo físico, emocional y espiritual. No solo para el alma, sino para cada rincón del ser.

Jesús, es el Camino hacia la Sanidad Integral del Ser Humano.

Jesús, el Camino que nos Guía hacia la Obediencia que Transforma

Si alguna vez has sentido que obedecer es difícil, que tus decisiones se debaten entre lo que sabes y lo que sientes, entre lo que quieres y lo que Dios pide... este camino es para ti. Porque Jesús no solo obedeció: lo hizo por amor, hasta la cruz. Y en su ejemplo, tú y yo descubrimos que obedecer no es perder, sino encontrar el verdadero propósito de vivir.

La historia de la humanidad comienza con una decisión: Adán desobedeció. Y esa desobediencia no fue solo un error moral. Fue una fractura espiritual que trajo maldición, muerte y separación.

"Por la desobediencia de un hombre, los muchos fueron constituidos pecadores..." (Romanos 5:19a)

Adán eligió su lógica por encima de la instrucción divina. Su razonamiento sobre el fruto, su deseo de ser como Dios, su impulso de autonomía... Todo lo que parecía sabio, terminó siendo ruina.

Pero entonces vino Jesús. El segundo Adán. Y su conducta fue opuesta en todo sentido. Donde Adán cayó por desobedecer, Jesús se levantó por obedecer.

"Se humilló a sí mismo, haciéndose obediente hasta la muerte, y muerte de cruz." (Filipenses 2:8)

Su obediencia no fue cómoda. No fue lógica. Fue amorosa. Fue dolorosa. Fue perfecta.

El Contraste que Redime

Adán desobedeció en un jardín. Jesús obedeció en un huerto: Getsemaní.

Adán ocultó su vergüenza con hojas. Jesús fue expuesto en la cruz para cubrir nuestra vergüenza con sangre.

Adán culpó a Eva. Jesús intercedió por los culpables.

Adán fue expulsado del Edén. Jesús abrió el camino de regreso.

"Por la obediencia de uno, los muchos serán constituidos justos." (Romanos 5:19b)

Jesús: Ejemplo Vivo de Obediencia

Jesús no solo obedeció para redimir. Obedeció para enseñar. Para modelar. Para invitar.

"Aprendió obediencia por lo que padeció." (Hebreos 5:8)

Cada paso que dio, cada palabra que habló, cada decisión que tomó... Fue guiada por el Padre. Y en esa sumisión, nos dejó huellas para seguir.

"El que dice que permanece en él, debe andar como él anduvo." (1 Juan 2:6)

Obedecer sí es posible

En Jesús, sí se puede. No por fuerza humana, sino por el poder del Espíritu. La obediencia no es una carga. Es una respuesta de amor.

Cada día, cada decisión, cada pensamiento... Es una oportunidad para crecer en obediencia. No perfecta desde el inicio, pero progresiva, sincera, rendida.

"Si me amáis, guardad mis mandamientos." (Juan 14:15)

Obedecer no es perder libertad. Es encontrar propósito.

El Camino no es una Ruta, es una Persona

Jesús no dijo "yo conozco el camino". Ni "yo enseño el camino". Dijo:

"Yo soy el camino." (Juan 14:6)

Él es el acceso, el trayecto, el destino. En Él, el Edén perdido se convierte en el Reino presente y eterno. Y el hombre, por fin, puede volver a casa. No por lógica. Por obediencia. Por amor. Por Jesús.

Jesús, es el Camino que nos Guía hacia la Obediencia que Transforma.

Reflexión Personal: "El Camino con Nombre y Rostro"

Has recorrido un sendero que no se mide en kilómetros, sino en revelaciones. Cada paso ha sido una invitación a mirar hacia adentro, a reconocer que lo que más necesitamos no es una ruta... sino una persona. Jesús no es un maestro que señala el camino. Él es el camino. Y en Él, el Edén perdido deja de ser un recuerdo, para convertirse en una promesa viva que se cumple en cada corazón rendido.

Tal vez has sentido que repites errores que no elegiste, que cargas con una historia que comenzó antes de ti. ¿Has permitido que Jesús reinicie tu historia, o sigues caminando bajo la sombra de lo heredado?

Tal vez has vivido sin saber por qué, haciendo lo correcto sin sentir propósito. ¿Tu vida está alineada con el diseño que Dios soñó contigo, o solo con lo que tú has construido?

Tal vez hay partes de ti que no se hablan entre sí. Tu cuerpo avanza, tu alma se cansa, tu espíritu se apaga. ¿Has nacido de nuevo en todas tus dimensiones, o aún hay áreas que esperan ser tocadas por Él?

Tal vez el futuro te parece incierto, y la muerte un muro que no sabes cómo cruzar. ¿Estás caminando hacia la vida eterna, o hacia un destino que tú mismo has trazado?

Tal vez hay culpas que nadie ve, pero que tú sientes cada día. ¿Has aceptado que Jesús tomó tu lugar, o sigues pagando por algo que ya fue saldado?

Tal vez hay heridas que no sangran, pero que duelen más que las visibles. ¿Has dejado que Él sane lo profundo, o solo le has pedido que cure lo que se nota?

Tal vez obedecer te parece imposible, como si tu voluntad siempre estuviera en conflicto con la suya. ¿Estás obedeciendo por amor, como Él lo hizo, o aún luchas entre lo que sabes y lo que sientes?

Jesús: El Único Camino

Palabras al Oído

"Yo, Jesús, hoy toco la puerta de tu corazón.

Después de haber entregado mi vida por amor a ti, después de haber derramado mi sangre en la cruz por ti, después de haber resucitado para decirte: quiero redimir tu existencia.

Yo soy el camino cuando sientes que repites errores que no elegiste, cuando la historia que heredaste parece más fuerte que tu voluntad. Yo vine a reiniciar lo que Adán quebró, y a darte una nueva identidad que no nace de tu pasado, sino de mi gracia.

Yo soy el camino cuando te preguntas por qué estás aquí, cuando tu alma busca propósito y tu vida parece avanzar sin dirección. Yo vine a restaurar el diseño que el Padre soñó contigo, para que vivas no solo por instinto, sino por destino.

Yo soy el camino cuando te sientes dividido por dentro, cuando tu cuerpo se cansa, tu alma se agita y tu espíritu se apaga. Yo vine a regenerarte por completo, a darte un nuevo nacimiento que toca cada rincón de tu ser.

EL CAMINO

Yo soy el camino cuando temes al final, cuando la muerte parece un muro y el Edén un recuerdo lejano. Yo vine a abrir la puerta a la vida eterna, para que vivas conmigo, no solo después... sino desde ahora.

Yo soy el camino cuando la culpa te pesa, cuando tus errores te susurran que no mereces perdón. Yo vine a tomar tu lugar, a subir a la cruz que era tuya, y a decirte con mi sangre: "Ya está pagado."

Yo soy el camino cuando tus heridas no se ven, pero duelen más que las que sangran. Yo vine a sanar lo que nadie toca, a restaurar lo que tú mismo olvidaste, y a darte paz donde solo había silencio.

Yo soy el camino cuando obedecer parece imposible, cuando tu lógica choca con mi voz, cuando tu voluntad se resiste a la mía. Yo vine a mostrarte que obedecer no es perder, es amar, es confiar, es vivir como hijo.

Yo soy el camino. No estás lejos. No estás perdido. Estás a un paso de volver a casa. Y ese paso... Soy Yo."

Capítulo 8

EL CAMINO

Ambiente Espiritual

Capítulo 8

EL CAMINO

Ambiente Espiritual

En el capítulo anterior, descubrimos que Jesús no solo es el camino que redime al hombre, sino que lo transforma en cada dimensión. Pero ahora, al dar el primer paso en ese camino, surge una realidad que no puede ignorarse: el ambiente espiritual que rodea al caminante no es cómodo, ni neutral, ni pasivo. Es terreno de batalla.

Jesús nunca presentó su camino como fácil. No lo adornó con promesas de comodidad, ni lo suavizó para atraer multitudes. Él fue claro, directo, radical:

"Ancha es la puerta y espacioso el camino que lleva a la perdición, y muchos son los que entran por ella. Pero estrecha es la puerta y angosto el camino que lleva a la vida, y pocos son los que la hallan." (Mateo 7:13–14)

"El que quiera salvar su vida, la perderá; pero el que pierda su vida por causa de mí y del evangelio, la salvará." (Marcos 8:35)

Caminar con Cristo no es simplemente cambiar de dirección. Es entrar en un ambiente donde todo lo que antes parecía normal comienza a incomodar. Donde la carne se resiste, el alma se agita y el espíritu se despierta.

Porque el verdadero ambiente espiritual del camino no es una atmósfera de paz superficial. Es un campo donde se libra una guerra invisible, pero real. Una guerra que no se ve con los ojos, pero se siente en cada decisión, en cada pensamiento, en cada paso.

En este capítulo, exploraremos esa incomodidad que surge al caminar con Cristo. No como obstáculo, sino como evidencia de transformación. Y lo haremos desde tres frentes que definen el verdadero ambiente espiritual:

> ➤ **La lucha de la carne**: la naturaleza caída que se resiste a morir.
> ➤ **La lucha del alma**: los deseos del mundo que seducen y confunden.
> ➤ **La lucha en el espíritu**: la batalla invisible contra fuerzas que no se vencen con lógica, sino con autoridad.

La Lucha con la Carne: Ese Campo donde lo Viejo se Resiste a Morir, y lo Nuevo aún no ha tomado el Control.

Antes de hablar de la lucha con la carne, necesito repasar varios aspectos del origen, porque no todos los hombres han nacido igual.

Adán no fue engendrado. Fue formado. No vino de un óvulo ni de un espermatozoide. Fue moldeado por las manos de Dios, sin intermediarios genéticos, sin herencia biológica, sin ombligo que lo conectara a una madre.

Su composición era única. No tenía una naturaleza heredada. No tenía pecado en su diseño original. Era un hombre sin pasado, sin carga ancestral, sin corrupción interna.

La mujer, al ser tomada de Adán, hereda su estructura, no por reproducción, sino por extracción. Por eso Adán, al verla, no la llama "otra", sino "parte de mí". En hebreo, él es "ish" (varón), y ella es "ishshah" (varona): una extensión, una derivación, una manifestación de lo que ya existía.

Hoy, la ciencia confirma que el hombre posee cromosomas XY, y la mujer XX. El cromosoma Y, exclusivo del varón, es el que define la masculinidad biológica. Y curiosamente, la mujer no tiene Y, porque no lo necesita: ella fue tomada del hombre, no formada aparte.

Pero desde la caída del primer hombre, la genética ya no es pura. Desde que Adán pecó, toda su descendencia nace bajo una condición caída. No solo se hereda el cuerpo... Se hereda la inclinación. La carne ya no es neutra. Es campo de batalla.

Por eso, cuando el creyente comienza a caminar con Cristo, lo viejo se resiste. No se rinde fácilmente. La carne, esa naturaleza que viene impresa desde el nacimiento, no quiere morir. Y lo nuevo, aunque poderoso, aún no ha tomado el control total.

Esta es la lucha. No contra el cuerpo físico, sino contra la naturaleza pecaminosa que habita en él. Una lucha que se libra en tres frentes:

En la carne, que desea lo que Dios prohíbe.

En el alma, que se seduce con lo que el mundo ofrece.

En el espíritu, que batalla contra fuerzas invisibles que no se vencen con lógica, sino con autoridad.

Por otra parte, debemos diferenciar lo que significa "naturaleza pecaminosa" y "cuerpo". El cuerpo es la estructura física visible externa e interna compuesto por cabeza, tronco, brazos, piernas, órganos internos, etc. Mientras que la naturaleza pecaminosa es referida a esa información genética que impulsa al hombre a realizar actos o conductas que van en contra de lo que Dios ha establecido como propósitos del hombre.

A esta naturaleza pecaminosa, a veces se le llama en las escrituras como "la carne" y esta es manifestada en un comportamiento. En otras palabras, la "carne" o la naturaleza pecaminosa es evidenciada en un comportamiento, mientras que el cuerpo no es definido por una acción, sino por una existencia física.

La Carne que Mora en Mí: El Enemigo Interno que no se va con la Conversión

"Y yo sé que en mí, esto es, en mi carne, no mora el bien; porque el querer el bien está en mí, pero no el hacerlo." (Romanos 7:18)

Desde el momento en que el creyente decide caminar en la Palabra, comienza a experimentar una tensión interna que no se puede ignorar. No es una lucha externa, ni una prueba circunstancial. Es una presencia persistente que habita en su propio cuerpo: la carne.

La carne no es el cuerpo físico en sí, sino la naturaleza caída que se aloja en él. Es esa inclinación profunda, silenciosa y constante que se opone a Dios. Aunque el espíritu ha sido regenerado por la fe en Cristo, la carne no se convierte. No se reforma. No se educa. No se doméstica. Se resiste.

Pablo, apóstol de la gracia, lo confiesa con crudeza: "El querer el bien está en mí, pero no el hacerlo." No porque le falte conocimiento, sino porque hay algo dentro de él que se opone activamente a lo que Dios quiere.

Esta carne que mora en nosotros no desaparece con el bautismo, ni se extingue con la oración. Es un enemigo que vive en casa, que conoce nuestras debilidades, que susurra cuando nadie escucha. Y su objetivo no es solo tentar... Es sabotear la obediencia.

¿Has sentido que, aun queriendo agradar a Dios, hay algo en ti que se resiste, que sabotea, que te arrastra hacia lo que ya decidiste dejar?

Reconocer que la carne mora en nosotros no es señal de derrota, sino de discernimiento. El creyente maduro no niega su lucha: la enfrenta con verdad, con gracia y con cruz. Porque mientras la carne habite, la batalla será diaria. Pero también lo será la victoria, si se camina en el Espíritu.

La Carne, su Apetito y Manifestación: El Hambre que no se sacia con lo Santo

"Porque el deseo de la carne es contra el Espíritu, y el del Espíritu es contra la carne; y estos se oponen entre sí, para que no hagáis lo que quisierais." —Gálatas 5:17

La carne no es pasiva. No es una sombra que simplemente acompaña al creyente. Es una fuerza activa, con apetitos, deseos y urgencias que se oponen directamente a la voluntad de Dios.

La carne quiere. Desea lo que Dios prohíbe. Tiene hambre de lo que contamina, de lo que seduce, de lo que destruye. Y lo más inquietante: ese apetito no desaparece con la conversión. Puede silenciarse por momentos, pero sigue ahí, esperando una emoción, una distracción, una grieta.

Pablo lo llama "las obras de la carne", y las enumera sin suavizar su crudeza: "Adulterio, fornicación, inmundicia, lascivia, idolatría, hechicerías, enemistades, celos, iras, contiendas..." (Gálatas 5:19–21) No son solo actos. Son manifestaciones de un hambre interna que busca saciarse, aunque sea a costa de la santidad.

La carne no se conforma con resistir al Espíritu. Quiere dominar. Quiere tomar el control del pensamiento, de la emoción, de la voluntad. Y cuando encuentra espacio, se manifiesta. A veces en lo visible. Otras veces en lo secreto. Pero siempre con el mismo objetivo: desviar al creyente del camino.

¿Has sentido que hay deseos en ti que no se alinean con lo que Dios quiere, pero que insisten, persisten y buscan una salida?

Reconocer el apetito de la carne no es rendirse a él. Es vigilarlo, confrontarlo y crucificarlo. El creyente no está llamado a negociar con la carne, sino a negarla. Porque lo que la carne desea, el Espíritu lo rechaza. Y lo que el Espíritu quiere, la carne lo combate.

La victoria no está en reprimir el deseo, sino en alimentar el Espíritu. Porque donde hay plenitud espiritual, la carne se debilita.

La Carne y el Alma: Cuando el Cuerpo necesita las Emociones para Pecar

"Cada uno es tentado, cuando de su propia concupiscencia es atraído y seducido." (Santiago 1:14)

La carne no peca sola. Tiene hambre, sí. Tiene deseo, sí. Pero necesita ayuda para ejecutar su voluntad. Y esa ayuda viene del alma: el centro de las emociones, los sentimientos, los pensamientos y la voluntad.

La carne es como un instinto dormido que se activa cuando el alma se alinea con sus deseos. Cuando el enojo no se regula, cuando el deseo no se filtra, cuando el orgullo no se somete... la carne encuentra en el alma su cómplice perfecto.

Por eso, muchas veces el pecado no comienza en el cuerpo, sino en el corazón. En una emoción no procesada. En un pensamiento no redimido. En una herida no sanada.

La carne necesita que el alma sienta para que el cuerpo actúe. Y cuando esa alianza se forma, el pecado se manifiesta. No como accidente, sino como resultado de una cooperación interna.

David no pecó solo con su cuerpo. Primero vio, luego deseó, luego decidió. La carne empujó, pero fue el alma la que abrió la puerta.

¿Has notado cómo tus emociones pueden ser el puente que la carne usa para llevarte donde tú ya decidiste no volver?

La lucha contra la carne no se gana solo con disciplina física. Se gana sanando el alma, renovando la mente, rindiendo las emociones. Porque cuando el alma se somete al Espíritu, la carne pierde su fuerza. Y cuando el alma se alinea con Dios, el cuerpo deja de ser instrumento de pecado y se convierte en altar de obediencia.

La Carne: Enemiga de Dios y Amiga de Satanás - Cuando el Deseo Humano Alimenta el Reino de las Tinieblas

"Porque el ocuparse de la carne es muerte, pero el ocuparse del Espíritu es vida y paz. La mente puesta en la carne es enemiga de Dios." (Romanos 8:6–7)

La carne no es solo una debilidad humana. Es una plataforma espiritual que, cuando se activa, se alinea con el reino de las tinieblas. No es neutral. No es inocente. No es simplemente "humana". Es enemiga de Dios. Y por tanto, amiga de Satanás.

Cada vez que el creyente decide alimentar los deseos de la carne, abre puertas. Puertas que no solo afectan su conducta, sino que conectan su vida con influencias espirituales contrarias a Dios. La carne no necesita invocaciones oscuras para operar. Le basta con una decisión egoísta, una emoción desbordada, una voluntad no rendida.

Satanás no necesita poseer al creyente. Le basta con que camine en la carne. Porque donde hay carne activa, hay terreno fértil para la manipulación espiritual. Y donde hay carne dominante, el Espíritu se apaga.

Por eso Pablo advierte: "Si vivís conforme a la carne, moriréis." (Romanos 8:13) No solo muerte física, sino desconexión espiritual, pérdida de discernimiento, debilitamiento de la autoridad.

La carne no solo desagrada a Dios. Colabora con su enemigo. Y cada vez que se le da espacio, se fortalece el sistema espiritual que se opone al Reino.

¿Has considerado que cada vez que cedes a la carne, no solo te alejas de Dios, sino que fortaleces lo que Él vino a destruir?

Andar en la carne no es solo un problema moral. Es una alianza espiritual peligrosa. El creyente está llamado a discernir no solo lo que siente, sino lo que activa con sus decisiones. Porque cada paso en la carne alimenta un sistema que quiere destruir su fe. Y cada paso en el Espíritu fortalece el Reino que lo redime.

La Crucifixión de la Carne: La única Solución no es Resistirla... es Matarla

"Si alguno quiere venir en pos de mí, niéguese a sí mismo, tome su cruz cada día, y sígame." (Lucas 9:23)

La carne no se reforma. No se educa. No se corrige. Se crucifica.

Jesús no ofreció una terapia para la carne. Ofreció una cruz. Porque sabía que el problema no era solo moral, sino espiritual. Y que la única forma de vencer a la carne no era resistirla con fuerza humana, sino matarla con decisión divina.

La cruz no es solo símbolo de redención. Es instrumento de ejecución. Y en ella no muere solo el pecado... Muere el yo que lo desea.

Pablo lo afirma con claridad: *"Los que son de Cristo han crucificado la carne con sus pasiones y deseos."* (Gálatas 5:24) No dice que la carne fue vencida por Cristo en abstracto. Dice que los que son de Cristo han tomado la cruz y han decidido clavar allí sus impulsos, sus apetitos, sus deseos no redimidos.

La crucifixión de la carne no es un evento único. Es un proceso diario. Cada vez que el creyente dice "no" a lo que su carne quiere, está clavando un clavo más en esa cruz. Cada vez que elige obedecer, aunque duela, está muriendo para vivir.

No hay victoria sin muerte. No hay santidad sin renuncia. No hay camino sin cruz.

¿Has tomado tu cruz hoy, o has negociado con lo que Jesús te pidió que crucifiques?

La crucifixión de la carne no es castigo, es liberación. Es el acto más radical de amor propio espiritual: negar lo que destruye, para abrazar lo que transforma. Y aunque duela, la cruz no mata al creyente... mata lo que lo separa de Dios.

La Lucha contra el Mundo y sus Deseos: Cuando lo externo se alía con lo interno para conquistar el alma

La carne no opera sola. Aunque habita en nosotros y desea lo que Dios prohíbe, necesita aliados externos que la seduzcan, la estimulen, la justifiquen. Y ese aliado se llama el mundo.

El mundo no es solo el planeta que habitamos. Es el sistema de valores, deseos, ambiciones y placeres que se ha organizado sin Dios y contra Dios. Es el escenario donde la carne encuentra alimento, donde el alma es seducida, donde el espíritu es silenciado.

Jesús lo vivió en carne propia. Cuando Satanás lo llevó al monte alto y le mostró todos los reinos del mundo y su gloria, no le ofreció oscuridad ni violencia. Le ofreció riqueza, poder, reconocimiento, dominio. Y le dijo:

"Todo esto te daré, si postrado me adoras." (Mateo 4:9)

Jesús no accedió. Pero la escena revela una verdad inquietante: las cosas materiales pueden ser usadas por las tinieblas para alejar al hombre de Dios. No porque sean malas en sí mismas, sino porque pueden convertirse en ídolos, en distracciones, en sustitutos de lo eterno.

Así como la carne busca conquistar el alma desde dentro, el mundo batalla por conquistarla desde fuera. Y cuando ambos se alinean, el alma queda atrapada entre lo que desea y lo que sabe que debe rechazar.

En este bloque, exploraremos cómo el mundo seduce, engaña y divide. Y cómo el creyente puede discernir, resistir y vencer. Porque el mundo no es invencible. Pero solo se vence con fe, con amor y con una visión clara del Reino.

El Mundo: El Amor hacia lo Material - Cuando lo que brilla por fuera apaga lo que arde por dentro

"No améis al mundo, ni las cosas que están en el mundo. Si alguno ama al mundo, el amor del Padre no está en él." (1 Juan 2:15)

La carne busca conquistar el alma desde dentro. Pero el mundo lo intenta desde fuera, seduciendo con lo visible, lo tangible, lo deseable. Y su arma más eficaz es lo material.

El mundo ofrece cosas, posesiones, logros, estatus. No necesariamente malas en sí mismas, pero capaces de desviar el corazón si se aman más que a Dios. Porque el problema no es tener... Es amar lo que se tiene más que al que lo dio.

Satanás lo sabía cuándo tentó a Jesús. No le ofreció pecado explícito. Le ofreció los reinos del mundo y su gloria. Y le pidió una sola cosa:

"...Todo esto te daré si postrado, me adorares." (Mateo 4:9)

Jesús no se postró. Pero muchos sí lo hacen, cada vez que sacrifican su obediencia por comodidad, su fe por conveniencia, su llamado por riqueza.

El amor hacia lo material torna el alma hacia el egoísmo. Porque quien ama lo que tiene, teme perderlo. Y quien teme perderlo, vive para protegerlo, no para compartirlo.

Juan lo advierte con fuerza:

"El mundo pasa, y sus deseos; pero el que hace la voluntad de Dios permanece para siempre." (1 Juan 2:17)

Y lo confirma con compasión:

"El que tiene bienes de este mundo y ve a su hermano tener necesidad, y cierra contra él su corazón, ¿cómo mora el amor de Dios en él?" (1 Juan 3:17)

El amor hacia lo material no solo enfría la fe. Desconecta al alma del propósito eterno.

¿Hay algo que posees que, en lugar de acercarte a Dios, te ha hecho temer perderlo más que temer alejarte de Él?

El mundo seduce con lo que brilla. Pero lo que brilla se apaga. Y lo que permanece es lo que no se compra: la obediencia, la generosidad, la comunión, la fe.

El creyente no está llamado a despreciar lo material, sino a amar más al Dador que al regalo, y a usar lo que tiene como instrumento de Reino, no como ídolo de seguridad.

El Mundo: Filosofías Huecas - Ideas que Suenan Sabias, pero Desvían del Evangelio

"Mirad que nadie os engañe por medio de filosofías y huecas sutilezas, según las tradiciones de los hombres, conforme a los rudimentos del mundo, y no según Cristo." (Colosenses 2:8)

El mundo no solo seduce con lo material. También piensa, argumenta, razona. Y muchas veces, lo hace con una lógica que parece noble, pero que no nace del Espíritu.

Las filosofías huecas son ideas que suplantan la verdad de Dios con sabiduría humana. No siempre son abiertamente anticristianas. A veces se disfrazan de compasión, de justicia, de libertad. Pero en su raíz, desconectan al alma del Evangelio.

Pablo lo advierte con firmeza:

"En otro tiempo anduvisteis conforme a la corriente de este mundo..." (Efesios 2:2)

Y añade:

"Cuando éramos niños, estábamos en esclavitud bajo los rudimentos del mundo." (Gálatas 4:3)

Estas filosofías no solo engañan. Forman sistemas de pensamiento que moldean la cultura, la educación, la política, incluso la religión. Y si el creyente no las discierne, puede caminar en ellas sin darse cuenta.

Por eso Pablo clama:

"No os conforméis a este siglo, sino transformaos por medio de la renovación de vuestro entendimiento." (Romanos 12:2)

Porque el mundo no solo quiere que el creyente ame lo material. Quiere que piense como él. Que razone sin fe. Que decida sin revelación. Que viva sin cruz.

¿Hay ideas que has aceptado como normales, pero que, al mirarlas desde la Palabra, descubres que no vienen de Cristo?

El creyente está llamado a pensar con el Espíritu, no solo con lógica. A razonar desde la cruz, no desde la cultura. Porque lo que parece sabio, si no nace de Dios, puede ser trampa disfrazada de virtud.

La fe no niega la razón. La redime. Y la somete a la verdad que no cambia: Cristo crucificado, resucitado y reinante.

El Mundo: Amistad y Enemistad - Cuando Amar lo Temporal nos Aleja de lo Eterno

"¡Oh almas adúlteras! ¿No sabéis que la amistad con el mundo es enemistad con Dios? Cualquiera, pues, que quiera ser amigo del mundo, se constituye enemigo de Dios." (Santiago 4:4)

El mundo no solo seduce con lo material ni engaña con filosofías. También ofrece amistad. Una amistad cómoda, atractiva, aparentemente inofensiva... pero que, en realidad, es enemistad con Dios.

La Escritura no suaviza esta verdad. No dice que el mundo es "peligroso" o "confuso". Dice que hacer amistad con él es traicionar al Reino. Porque el mundo no busca coexistir con Dios. Busca reemplazarlo.

Jesús lo expresó con claridad:

"Nadie puede servir a dos señores... No podéis servir a Dios y a las riquezas." (Mateo 6:24)

No se trata solo de dinero. Se trata de lealtad. De a quién se ama más. De qué voz se obedece cuando ambas llaman.

El joven rico lo vivió en carne propia (Mateo 19:16-30). Se acercó a Jesús con sinceridad. Quería vida eterna. Pero cuando Jesús le pidió que soltara sus riquezas, se entristeció y se alejó. No porque no creyera... Sino porque amaba más lo que tenía que a quien lo llamaba.

La amistad con el mundo no siempre se ve como traición. A veces se disfraza de prudencia, de lógica, de "sentido común". Pero en el fondo, es una elección de lealtad. Y cada vez que el creyente elige lo temporal por encima de lo eterno, se aleja del corazón de Dios.

¿Hay algo en tu vida que te ha hecho elegir comodidad en lugar de obediencia, riqueza en lugar de entrega, mundo en lugar de Reino?

La amistad con el mundo no se rompe con palabras, sino con decisiones. Con renuncias. Con entregas. Con una cruz que no se negocia.

El creyente está llamado a amar al mundo como campo de misión, pero no como fuente de identidad. Porque quien se define por lo que el mundo ofrece, pierde lo que el Reino promete.

El Mundo: Vencido por Fe y por Amor - La Victoria no viene por Fuerza, sino por Entrega

"Porque todo lo que es nacido de Dios vence al mundo; y esta es la victoria que ha vencido al mundo, nuestra fe." (1 Juan 5:4)

El mundo seduce, engaña, promete. Pero no es invencible. Aunque sus riquezas brillen, sus filosofías convenzan y sus amistades parezcan necesarias, hay una fuerza que lo vence: la fe. Y hay un vínculo que lo desarma: el amor verdadero.

La fe no es solo creer que Dios existe. Es creerle a Dios por encima de lo que el mundo ofrece. Es confiar en lo invisible cuando lo visible grita. Es caminar hacia lo eterno cuando lo temporal seduce.

Jesús lo sabía. Por eso, antes de ir a la cruz, oró por los suyos:

"Padre santo, a los que me has dado, guárdalos en tu nombre... No ruego que los quites del mundo, sino que los guardes del mal." (Juan 17:11–12)

Jesús no pidió que escapáramos del mundo. Pidió que venciéramos en medio de él. Y esa victoria no se logra con aislamiento, sino con una fe activa y un amor radical.

Los primeros creyentes lo vivieron. En medio de persecución, pobreza y presión cultural, vencieron al mundo compartiendo lo que tenían, amando sin medida, creyendo sin retroceder.

"Y la multitud de los que habían creído era de un corazón y un alma... No había entre ellos ningún necesitado." (Hechos 4:32–35)

No vencieron con poder. Vencieron con unidad. Con generosidad. Con una fe que no se vendía y un amor que no se negociaba.

¿Tu fe te está ayudando a vencer al mundo, o tu amor por el mundo está debilitando tu fe?

El mundo no se vence con argumentos. Se vence con convicción. Con una fe que no se rinde. Con un amor que no se corrompe. Con una vida que, aunque habita en lo visible, vive por lo invisible.

El creyente no está llamado a temer al mundo, sino a transformarlo desde adentro, con una fe que vence y un amor que redime.

La Lucha Espiritual: Cuando el Enemigo Invisible se alía con lo Visible para Desviar lo Eterno

La carne habita en nosotros. El mundo nos rodea. Pero hay un tercer enemigo que no se ve, pero se siente. Uno que no opera solo, sino que se apoya en los otros dos para conquistar el alma del hombre: la batalla espiritual contra huestes de maldad.

Desde el principio, este enemigo se ha manifestado. En el Edén, como serpiente, seduciendo al primer Adán. En el desierto, como tentador, desafiando al segundo Adán: Jesús. El mismo personaje. La misma estrategia. El mismo objetivo: desviar al hombre del propósito de Dios.

Pablo lo sabía. Por eso exhortó con firmeza:

"Para que Satanás no gane ventaja alguna sobre nosotros; pues no ignoramos sus maquinaciones." (2 Corintios 2:11)

Y lo reafirmó con claridad:

"No tenemos lucha contra sangre y carne, sino contra principados, contra potestades, contra los gobernadores de las tinieblas de este mundo..." (Efesios 6:12)

La lucha espiritual no es simbólica. Es real. Y no se libra con armas humanas, sino con discernimiento, autoridad y obediencia.

En este bloque, el lector será guiado a reconocer:

➢ La existencia de seres malignos organizados en jerarquías.
➢ Sus modos de operar, desde el cuerpo hasta el alma.
➢ Sus aliados: la carne y el mundo.
➢ Y sobre todo, la autoridad de Cristo sobre todos ellos, una autoridad que ahora ha sido delegada al creyente.

Porque el enemigo existe. Pero no reina. Y aunque ataca, no tiene la última palabra.

Propósitos de los Demonios, Principados y Potestades - Hurtar, Matar y Destruir: La Agenda Oculta detrás de cada Tentación

"El ladrón no viene sino para hurtar, matar y destruir; yo he venido para que tengan vida, y para que la tengan en abundancia." (Juan 10:10)

La lucha espiritual no es caótica ni desorganizada. Las huestes de maldad tienen jerarquías, estrategias y objetivos definidos. No actúan por impulso, sino por rebelión. Y su propósito es claro: hurtar, matar y destruir.

Jesús lo reveló sin rodeos. El enemigo no viene a negociar. Viene a robar la Palabra, matar la comunión y destruir el propósito.

Hurtar, la Palabra sembrada en el corazón

Jesús lo explicó en la parábola del sembrador:

"Viene el maligno y arrebata lo que fue sembrado en el corazón." (Mateo 13:19)

El primer objetivo del enemigo es interrumpir el proceso espiritual antes de que dé fruto. Robar la semilla antes de que germine. Distraer, confundir, endurecer el corazón para que la Palabra no transforme.

Matar, la relación entre el hombre y Dios

No se trata de muerte física, sino de separación espiritual. El pecado, cuando se consiente, rompe la comunión. Y el enemigo sabe que, si logra aislar al creyente, lo debilita, lo enfría, lo desconecta.

"La paga del pecado es muerte..." (Romanos 6:23)

No porque Dios castigue, sino porque el pecado interrumpe la vida del Espíritu.

Destruir, el propósito divino en el hombre

El enemigo no puede crear, pero sí puede alterar. Su objetivo es desviar al hombre de su llamado, hacerle tomar decisiones erradas, llenarlo de culpa, hacerle creer que ya no hay redención.

Destruir no es aniquilar. Es desfigurar lo que Dios diseñó. Y cada vez que el creyente cede a la carne o al mundo, el enemigo gana terreno en el propósito que Dios trazó.

¿Has sentido que algo ha querido robar tu fe, matar tu comunión o destruir tu propósito?

Reconocer los propósitos del enemigo no es temerle. Es discernirlo para resistirlo. Porque Jesús no solo reveló la agenda del ladrón... También reveló la suya: vida abundante, restauración completa, propósito eterno.

El creyente no está llamado a vivir en paranoia espiritual, sino en vigilancia activa, con la Palabra como espada, la comunión como escudo, y el propósito como brújula.

Modo de Operar - Tres líneas de Ataque: Cuerpo, Espíritu y Alma

"Entonces Jesús fue llevado por el Espíritu al desierto para ser tentado por el diablo." (Mateo 4:1)

La tentación de Jesús en el desierto no fue improvisada. Fue una estrategia precisa, diseñada para atacar cada dimensión del ser humano. Y lo que el enemigo intentó con Jesús, lo sigue intentando hoy con cada creyente.

1. Tentación en el cuerpo: necesidades básicas

"Si eres Hijo de Dios, di que estas piedras se conviertan en pan." (Mateo 4:3)

Satanás comienza por lo más elemental: el hambre. No porque comer sea pecado, sino porque quiere que Jesús use su poder para satisfacer una necesidad legítima fuera del tiempo y propósito de Dios.

Así opera hoy: tentando al creyente a satisfacer sus necesidades físicas (sexo, comida, descanso, placer) sin esperar la provisión divina, sin discernir el momento, sin someter el cuerpo al Espíritu.

2. Tentación en el espíritu: Manipulación Religiosa

"Échate abajo… porque escrito está: 'A sus ángeles mandará acerca de ti." (Mateo 4:6)

Aquí el enemigo cita la Escritura. Pero lo hace fuera de contexto, para provocar un acto sobrenatural no guiado por el Padre, sino exigido por el tentador.

Hoy, muchos creyentes son tentados a forzar lo espiritual, a buscar señales sin obediencia, milagros sin intimidad, manifestaciones sin cruz.

El enemigo no teme que el creyente sea espiritual. Teme que sea obediente.

3. Tentación en el Alma: Ambición, Poder y Gloria

"Todo esto te daré, si postrado me adoras." (Mateo 4:9)

El ataque final va al corazón. A la ambición. A la sed de reconocimiento, dominio, éxito.

Satanás ofrece los reinos del mundo y su gloria, no como regalo, sino como intercambio por adoración.

Hoy, muchos son tentados a sacrificar su llamado por una posición, a negociar su integridad por influencia, a adorar lo visible y olvidar lo eterno.

¿En cuál de estas tres áreas sientes que el enemigo ha intentado seducirte últimamente: cuerpo, espíritu o alma?

Jesús venció en cada dimensión. No con fuerza humana, sino con la Palabra, la obediencia y la identidad clara.

El creyente no está llamado a ignorar estas líneas de ataque, sino a discernirlas, resistirlas y vencerlas con la misma estrategia que usó Jesús: "Escrito está…", "No tentarás…", "Al Señor tu Dios adorarás…"

Los Aliados de Estos Seres Malignos - Cuando la Carne y el Mundo se convierten en Instrumentos del Enemigo

"No deis lugar al diablo." (Efesios 4:27)

Los demonios, principados y potestades no operan en el vacío. Aunque son seres espirituales, necesitan plataformas humanas y terrenales para ejecutar sus planes. Y sus aliados más eficaces son los que ya hemos explorado: la carne y el mundo.

La carne, con sus pasiones, deseos y debilidades, es terreno fértil para que el enemigo siembre pensamientos, emociones y acciones que desvían al creyente. Cuando no se crucifica, se convierte en instrumento.

El mundo, con sus valores, riquezas y filosofías, es el escenario donde el enemigo disfraza sus ataques como oportunidades, placeres o ideologías nobles. Cuando no se discierne, se convierte en campo de operación demoníaca.

Pablo lo advierte con precisión:

"No deis lugar al diablo." No porque el enemigo tenga derecho, sino porque el creyente puede abrirle espacio cuando cede a la carne o se enamora del mundo.

Jesús lo vivió en el desierto. Satanás no apareció con cuernos ni fuego. Apareció usando necesidades humanas, lenguaje espiritual y promesas materiales. Y esa sigue siendo su estrategia.

Hoy, los demonios no necesitan posesión para influir. Les basta con que el creyente no vigile su carne, no renuncie al mundo y no active su autoridad.

¿Hay áreas en tu vida donde, sin darte cuenta, has dado lugar al enemigo al no someter la carne o al enamorarte del mundo?

La lucha espiritual no se gana solo con oración. Se gana cerrando puertas. Crucificando la carne. Renunciando al mundo. Y activando la autoridad que Cristo ya delegó.

Porque el enemigo no puede entrar donde la carne está crucificada y el mundo ha sido vencido por fe.

Autoridad de Jesús sobre Todos Ellos - La Victoria no es solo de Cristo… es también del Creyente que Camina en Él

"Volvieron los setenta con gozo, diciendo: Señor, aun los demonios se nos sujetan en tu nombre." (Lucas 10:17)

La lucha espiritual es real. Los enemigos son organizados, persistentes y estratégicos. Pero hay una verdad que transforma el temor en confianza: Jesús tiene autoridad sobre todos ellos.

Durante su ministerio, Jesús no solo predicó, sanó y enseñó. También confrontó y venció a demonios, principados y potestades. Y lo hizo con autoridad, no con rituales. Su palabra era suficiente. Su presencia era confrontación. Su nombre era victoria.

"He aquí os doy autoridad para hollar serpientes y escorpiones, y sobre toda fuerza del enemigo..." (Lucas 10:19)

Jesús no se reservó esa autoridad. La delegó. La entregó a sus discípulos. Y por extensión, a todo creyente que camina en Él.

Pablo lo confirma con fuerza:

"Y vosotros estáis completos en Él, que es la cabeza de todo principado y potestad." (Colosenses 2:10)

No hay demonio que no se someta. No hay potestad que no tiemble. No hay estrategia del enemigo que no pueda ser desarmada… cuando el creyente camina en la autoridad de Cristo.

Pero esa autoridad no se activa por emoción. Se activa por revelación, obediencia y fe. Por eso Pablo enseña sobre la armadura de Dios:

"Tomad toda la armadura de Dios, para que podáis resistir en el día malo..." (Efesios 6:13)

La armadura no es simbólica. Es práctica. Es espiritual. Es la forma en que el creyente se reviste de Cristo para enfrentar lo que no se ve, pero se siente.

¿Estás caminando en la autoridad que Cristo ya te dio, o estás enfrentando la lucha espiritual con tus propias fuerzas?

La autoridad de Jesús no es solo para pastores o ministros. Es para todo hijo de Dios que decide caminar en obediencia y fe. Porque el enemigo no teme al conocimiento... teme a la autoridad activada.

Y esa autoridad está disponible. No para presumir, sino para liberar, resistir y vencer. Porque en Cristo, la lucha espiritual no termina en derrota... termina en victoria.

Reflexión Personal: Dos caminos. Una Decisión. Un Destino eterno.

Has caminado por cuatro capítulos. Has visto a Jesús decir: "Yo soy el camino." Has descubierto que ese camino no es cómodo, ni amplio, ni popular. Es angosto. Es exigente. Es espiritual. Pero también es el único que lleva a la vida.

Ahora, frente a ti, hay dos opciones. No tres. No muchas. Solo dos.

Puedes seguir sin esperanza, acomodado en lo que el mundo ofrece, guiado por lo que la carne desea, seducido por lo que el alma imagina. Es fácil. Es popular. Pero no transforma, no redime, no salva.

O puedes tomar la decisión de seguir a Jesús, cueste lo que cueste. Aunque duela. Aunque te cueste amigos, comodidades, sueños humanos. Aunque implique cruz, renuncia y lucha.

Porque seguir a Jesús no es caminar sin heridas, es caminar con propósito. No es vivir sin batalla, es vivir con victoria. No es evitar el dolor, es darle sentido eterno.

Palabras al Oído

"Hijo mío, hija mía... no temas el ambiente espiritual que te rodea. En mi camino, aunque la batalla sea invisible, mi presencia será tu certeza.

Cuando la carne quiera arrastrarte, recuerda que mi Espíritu te fortalece.

Cuando el mundo te ofrezca sus deseos, yo te mostraré un gozo más alto y eterno.

Cuando las tinieblas intenten intimidarte, mi luz será tu escudo y mi verdad tu espada.

En mi camino, no caminarás solo: yo iré delante de ti, pelearé por ti y te sostendré.

En mi camino, la santidad no será una carga, sino un deleite, porque estarás cerca de mi corazón.

En mi camino, cada herida será sanada, cada temor será vencido, y cada paso te acercará más a mi gloria.

Permanece en mí, y verás que más allá de toda lucha, la victoria ya es tuya, porque yo he vencido al mundo."

Oración Pastoral

Padre eterno y Señor de todos los caminos, Hoy nos postramos ante Ti para agradecerte por la luz que has derramado sobre nuestro entendimiento. Gracias porque nos has enseñado que el camino no es solo una senda física, sino también un proceso, una conducta y una decisión que moldea nuestro destino.

Te damos gracias por mostrarnos que cada camino tiene un ambiente —sobre las aguas, en los cielos, en la tierra y en lo profundo del corazón— y que en todos ellos Tú permaneces como nuestro guía fiel.

Te exaltamos, Señor Jesús, porque Tú eres el Único Camino, la Verdad y la Vida. En Ti hallamos el Pan que sacia, la Luz que disipa tinieblas, la Puerta que nos da acceso, el Pastor que nos guarda, la Resurrección que nos levanta, la Verdad que nos afirma y la Vid que nos hace fructificar.

Hoy reconocemos que el Camino de Santidad es seguirte a Ti, rendirnos a tu Espíritu y caminar en obediencia, aun en medio de la lucha espiritual. Gracias porque nos recuerdas que no estamos solos, que tu presencia nos acompaña y que tu victoria es nuestra herencia.

Ambiente Espiritual

Te pedimos, Señor, que guardes nuestros pasos, que nos des discernimiento para elegir siempre la senda que conduce a la vida, y que nos fortalezcas para rechazar todo camino que nos aparte de Ti. Que cada día podamos decir con el salmista: "Muéstrame, oh Jehová, tus caminos; enséñame tus sendas" (Salmos 25:4).

En el nombre de Jesús, nuestro Camino seguro y eterno, Amén.

"…Muéstrame, oh, Jehová, tus caminos;
Enséñame tus sendas…"
(Salmos 25:4)

Sección III

EL HOMBRE Y LOS CAMINOS

La Interacción

"La ciencia del prudente está en entender su camino; Mas la indiscreción de los necios es engaño."
(Proverbios 14:8)

Sección III: El Hombre y los Caminos – La Interacción

¿De qué sirve conocer los caminos si no entendemos cómo el hombre los transita?

En esta tercera sección nos enfocaremos en la relación directa entre el ser humano y las sendas que se le presentan. Si antes contemplamos la naturaleza de los caminos y la necesidad de elegir con discernimiento, ahora veremos que cada persona no solo se enfrenta a opciones, sino que también dispone de recursos para recorrerlas.

La Escritura nos recuerda que el hombre no camina en el vacío: su disposición interior, sus decisiones, sus contactos y sus límites determinan el rumbo y la calidad de su andar. Aquí exploraremos cómo la voluntad humana —guiada o no por Dios— abre o cierra sendas que conducen a la vida o a la perdición.

A través de cuatro capítulos, descubriremos:

Disponibilidad – cómo la apertura del corazón y la disposición del espíritu preparan el terreno para recibir dirección divina.

Decisión – cómo cada elección, grande o pequeña, marca un punto de inflexión en el trayecto personal y espiritual.

Contacto – cómo las relaciones, influencias y encuentros en el camino pueden fortalecer la fe o desviarla.

Límites – cómo reconocer y respetar los límites establecidos por Dios protege al creyente y le permite avanzar con seguridad.

Esta sección no es solo un análisis del caminar humano, sino una invitación a examinar el corazón, rendir la voluntad al Señor y andar con sabiduría. Porque cada paso importa, cada decisión pesa, y cada límite revela que el camino no solo se recorre con los pies… sino con el alma.

Capítulo 9

EL HOMBRE Y LOS CAMINOS

Disponibilidad

Capítulo 9

EL HOMBRE Y LOS CAMINOS

Disponibilidad

Hasta ahora hemos considerado al hombre como creación especial, con propósito y cualidades únicas, y hemos clasificado los caminos que existen en su entorno y en su interior. Pero ahora nos adentramos en una dimensión más íntima y reveladora: la interacción del hombre con el camino.

Desde el principio de su existencia, el hombre ha estado rodeado de sendas que invitan a ser exploradas. Algunas se presentan amplias y visibles, otras discretas y apenas perceptibles, pero todas exigen discernimiento. No basta con que un camino exista; es necesario reconocer su disponibilidad y entender que cada ruta ofrece un destino distinto. Entre la oportunidad de transitarlo y la decisión de hacerlo, se despliega un proceso que marcará el rumbo de la vida.

El contacto real con la senda elegida no ocurre en la teoría, sino en el paso firme que la recorre, y allí también se revelan los límites que recuerdan nuestra fragilidad. Así, los caminos acuático, aéreo y terrestre ilustran realidades visibles, mientras que el camino personal y, sobre todo, el Camino de Santidad, nos conducen a verdades eternas.

A continuación, comenzaremos observando la disponibilidad del camino, esa puerta abierta que espera al viajero prudente.

La Disponibilidad del Camino

No todos los caminos que existen están siempre disponibles para ser recorridos por el hombre. La geografía, las leyes, las condiciones naturales y las limitaciones humanas imponen fronteras que, a veces, hacen que una ruta permanezca cerrada, inaccesible o reservada para unos pocos.

En el camino acuático, por ejemplo, un lago que se congela en invierno deja de ser navegable; sus aguas, antes abiertas al tránsito de embarcaciones, se convierten en una superficie rígida e inhóspita. Del mismo modo, mares embravecidos o corrientes peligrosas pueden cerrar el paso incluso al navegante más experimentado. La disponibilidad de estas rutas depende de factores que el hombre no controla.

En el camino aéreo, la disponibilidad se limita no solo por la tecnología y el combustible, sino también por las leyes de la física y la atmósfera. Ningún avión comercial puede volar más allá de los límites que la presión, el oxígeno y la temperatura permiten. Y aun dentro de esos límites, hay espacios aéreos restringidos que no pueden ser sobrevolados sin autorización.

En el camino terrestre, hay territorios que, aunque físicamente posibles de recorrer, están prohibidos por leyes o tratados internacionales. La Antártida, por ejemplo, no es un lugar al que cualquiera pueda llegar y caminar libremente; requiere permisos especiales, preparación extrema y condiciones que pocos cumplen. Otros terrenos, como zonas militares o reservas naturales protegidas, permanecen vedados para la mayoría.

Estas realidades visibles nos enseñan que la existencia de un camino no garantiza su acceso. Hay rutas que, aunque trazadas, no están abiertas para todos o no lo están en todo momento.

En el camino personal, ocurre algo similar. Hay metas que, por más deseadas que sean, están fuera del alcance debido a requisitos inamovibles. Un ejemplo claro sería aspirar a ser presidente de los Estados Unidos sin ser ciudadano nacido en ese país; la ley lo impide, sin importar la preparación o el deseo. Así, en la vida, hay sueños que no se concretan porque las condiciones para alcanzarlos no están dadas.

Sin embargo, en el Camino Espiritual, llamado también Camino de Santidad, la realidad es radicalmente distinta. Este camino no está sujeto a estaciones, climas, fronteras políticas ni requisitos humanos imposibles. Su disponibilidad no depende de la fuerza, la riqueza, la nacionalidad o el mérito personal. Está abierto para todo aquel que cree en Jesucristo, sin distinción alguna.

Jesús mismo lo expresó en palabras eternas:

"Porque de tal manera amó Dios al mundo, que ha dado a su Hijo unigénito, para que todo aquel que en él cree, no se pierda, más tenga vida eterna." (Juan 3:16)

Aquí no hay restricciones geográficas ni limitaciones legales; el único requisito es la fe. El amor de Dios ha derribado las barreras y ha extendido la invitación a todos los pueblos, lenguas y naciones.

Teológicamente, esto revela la naturaleza inclusiva y redentora del plan divino: el Camino de Santidad es Cristo mismo, y Él está disponible siempre, en todo lugar y para toda persona que se acerque con un corazón sincero.

Poéticamente, podríamos decir que este camino es como un río que nunca se congela, un cielo que nunca se cierra y una tierra que siempre recibe al peregrino. Es la senda donde el amor de Dios se convierte en puente, y la cruz de Cristo en puerta abierta.

Así, mientras los caminos físicos y personales pueden cerrarse por causas ajenas a nuestra voluntad, el Camino de Santidad

179

permanece abierto, iluminado por la gracia, sostenido por la verdad y custodiado por el amor eterno de Aquel que lo trazó con su propia vida.

Disponibilidad mientras haya Vida en el Hombre

La vida humana es más que respiración y movimiento; es una ventana de oportunidad espiritual. Mientras el hombre vive, la puerta del Camino de Santidad permanece abierta, esperando ser cruzada con fe y humildad. Pero esa disponibilidad no es eterna, ni automática. Está sujeta al tiempo de la existencia, al latido del corazón y al soplo del aliento.

El salmista lo expresa con urgencia:

"Por esto orará a ti todo santo en el tiempo en que puedas ser hallado..." (Salmo 32:6)

Isaías refuerza esta verdad:

"Buscad a Jehová mientras puede ser hallado, llamadle en tanto que está cercano." (Isaías 55:6)

Estas palabras no solo invitan… advierten. Hay un tiempo para buscar, y ese tiempo es mientras hay vida. Cuando el cuerpo se detiene, cuando el alma se separa, la puerta ya no está al alcance del paso humano.

La historia del ladrón en la cruz revela esta misericordia: en su último aliento, encontró el Camino. Pero también hay historias como la de Esaú, quien buscó arrepentimiento "aunque con lágrimas", y no lo halló (Hebreos 12:17). La vida es el umbral donde la elección aún es posible. Después, solo queda el fruto de lo que se eligió.

Así, el Camino de Santidad está disponible mientras el hombre respira, pero esa disponibilidad exige respuesta. No basta con saber que existe... hay que entrar mientras la puerta está abierta.

Disponibilidad mientras dure el Tiempo de los Gentiles

Más allá de la vida individual, existe una dimensión profética que también delimita la disponibilidad del Camino: el tiempo de los gentiles.

Esta expresión, usada por Jesús y explicada por Pablo, señala una etapa en la historia donde la salvación está abierta a todas las naciones, pero que no durará para siempre.

Jesús lo dijo con claridad:

"Jerusalén será hollada por los gentiles, hasta que los tiempos de los gentiles se cumplan." (Lucas 21:24)

Pablo lo confirma:

"No quiero, hermanos, que ignoréis este misterio... que ha acontecido a Israel endurecimiento en parte, hasta que haya entrado la plenitud de los gentiles." (Romanos 11:25)

Esto revela que la puerta del Camino de Santidad está abierta ahora, pero llegará el momento en que el trato profético con las naciones se cierre, y Dios retome su trato directo con Israel. Daniel 9:27 y Lucas 13:25–30 advierten sobre ese cierre:

"Cuando el padre de familia se haya levantado y cerrado la puerta..."

No se trata de generar temor, sino de despertar conciencia. El Camino está disponible, pero no eternamente. Hay un tiempo para entrar, y ese tiempo es ahora. Después, la puerta se cerrará, no por capricho divino, sino por cumplimiento profético.

EL HOMBRE Y LOS CAMINOS

Así como en los caminos físicos hay horarios, permisos y ventanas de acceso, el Camino espiritual también tiene límites definidos por la vida y por la dispensación profética. La gracia es amplia, pero no infinita en disponibilidad. La puerta está abierta... pero no lo estará siempre.

Reflexión Personal: "Mientras la Puerta este Abierta…"

Hay caminos que existen, pero no están abiertos para todos. Algunos se cierran por el hielo del invierno, otros por las leyes de los hombres, y otros por los límites que impone nuestra propia condición. El lago que se congela, el cielo que restringe el vuelo, la tierra que exige permisos… todos nos recuerdan que no basta con que un camino exista: debe estar disponible para ser recorrido.

En la vida personal, también hay rutas que se desvanecen antes de ser alcanzadas. Sueños nobles, metas profundas, anhelos legítimos… pueden quedar fuera del alcance por requisitos que no podemos cumplir. Y así, el corazón aprende que no todo lo deseado está disponible eternamente.

Pero en medio de estas limitaciones, hay un camino que brilla con luz propia: el Camino de Santidad. No se congela, no se clausura, no se restringe por fronteras ni por méritos humanos. Está abierto para todo aquel que cree, porque su acceso no depende de la fuerza del hombre, sino del amor del Padre.

"Buscadme mientras pueda ser hallado…" "Llamadme en tanto que estoy cercano…"

Estas palabras no son amenaza… son invitación urgente. ¿Has considerado que este camino está disponible hoy, pero no sabes si lo estará mañana? ¿Has sentido que la puerta está abierta, pero no has dado el paso? ¿Has escuchado el llamado, pero lo has postergado esperando otro momento?

Hoy, mientras hay vida, mientras el tiempo de los gentiles aún corre, la puerta está abierta. No por obligación… por gracia. No por presión… por amor.

Palabras al Oído

"No ignores mi voz, hijo mío. La puerta está abierta, y no siempre lo estará.

No te hablo con prisa, sino con ternura.

No te empujo... te llamo.

Hoy es tiempo, hoy es vida, hoy es oportunidad.

No esperes que el silencio te confirme lo que mi amor ya te ha revelado.

He trazado un camino para ti, no por obligación, sino por deseo eterno.

No necesitas credenciales, solo un corazón sincero.

No mires tus errores... mírame a mí.

No cuentes tus caídas... cuenta mi gracia.

Mientras respiras, puedes entrar.

Mientras el tiempo de los gentiles aún corre, puedes responder. No pospongas lo que fue diseñado para ti hoy.

No te acostumbres a la puerta abierta... porque llegará el día en que se cierre.

Ven.

No por miedo, sino por amor.

Disponibilidad

No por presión, sino por comunión.

Estoy aquí. Siempre he estado.

Y si das el paso, no caminarás solo.

Yo seré tu camino, tu fuerza y tu destino. Solo entra... mientras la puerta esté abierta.

Capítulo 10

EL HOMBRE Y LOS CAMINOS
Decisión

EL HOMBRE Y LOS CAMINOS

Decisión

En el tema anterior vimos que no todos los caminos están siempre disponibles. Algunos se cierran por causas naturales, otros por leyes humanas, y otros por limitaciones personales. Sin embargo, la disponibilidad por sí sola no garantiza que un camino sea recorrido. Entre la existencia de una ruta y la experiencia de transitarla, hay un puente que solo el hombre puede tender: la decisión.

La Decisión del Hombre

La decisión es más que un acto mental; es un compromiso que define el rumbo y determina el fruto. Decidirse es elegir, y elegir correctamente es discernir. La Escritura nos advierte: *"Si escuchas hoy su voz, no endurezcáis vuestros corazones"* (Hebreos 3:15). No basta con oír; hay que responder. No basta con ver el camino; hay que entrar en él.

La decisión de NO Caminar: La indecisión.

La indecisión es un silencio que grita. No es un simple "todavía no", sino un aplazamiento que, con el tiempo, se convierte en renuncia. Es como tener la llave en la mano y no abrir la puerta; como ver la mesa servida y no sentarse a comer. La oportunidad está ahí, pero el corazón, atrapado entre el temor y la duda, se queda inmóvil.

En el camino acuático, imaginemos un puerto tranquilo. El mar está en calma, el viento sopla a favor, la embarcación está lista y el capitán espera la orden de zarpar. Todo está dispuesto, pero el navegante titubea: teme a lo desconocido, se distrae con asuntos menores o posterga la partida para "otro día". Ese "otro día" nunca llega. La marea cambia, el clima se endurece y la oportunidad se desvanece. El camino estaba abierto, pero la falta de decisión lo dejó sin fruto. Lo que pudo ser una travesía enriquecedora se convierte en un puerto vacío y en un corazón lleno de "¿y si...?".

En el camino aéreo, un vuelo espera en la pista. El pasajero tiene el boleto en la mano, la ruta está trazada, el piloto es experimentado. Sin embargo, el miedo a las alturas o la desconfianza en el destino lo paralizan. Observa cómo otros abordan, pero él se queda atrás. El avión parte, y con él, la experiencia que nunca será vivida. La indecisión le roba no solo el viaje, sino la historia que pudo contar.

En el camino terrestre, un sendero seguro y bien señalizado se extiende ante el viajero. El sol ilumina la ruta, el terreno es firme, y todo invita a caminar. Pero él se sienta a la orilla, entretenido en distracciones pasajeras. El día avanza, la luz se apaga, y el sendero se pierde en la penumbra. El camino estaba ahí, pero la indecisión lo convirtió en un paisaje más, sin huellas que contar.

En la vida personal, la indecisión es una ladrona silenciosa. Roba oportunidades, marchita sueños y deja al alma en un estado de espera perpetua.

En lo espiritual, la indecisión no solo retrasa el avance: mina la sensibilidad del alma. Cada vez que el corazón escucha la voz de Dios y decide no responder, se forma una capa invisible que endurece la voluntad. Lo que al principio era una oportunidad clara se convierte, con el tiempo, en un eco lejano. La indecisión roba la paz, apaga el gozo y debilita la comunión con Aquel que llama.

Es como permanecer en el umbral de una casa iluminada, sintiendo el calor que emana desde dentro, pero eligiendo quedarse en la penumbra exterior. El alma que posterga su respuesta pierde no solo el momento, sino también la frescura de la invitación divina.

El Camino de Santidad no es un paisaje para admirar desde lejos; es una senda para ser recorrida hoy. Cada "mañana" que pospone la obediencia es un "hoy" que se pierde para siempre.

El escritor del libro a los Hebreos nos recuerda: *"Si escuchas hoy su voz, no endurezcas tu corazón"*. La fe verdadera no se queda en contemplar el camino; se atreve a caminarlo. La esperanza genuina no espera condiciones perfectas; confía en que Aquel que llama también guiará hasta el final.

La indecisión es un enemigo silencioso que roba el tiempo y marchita las oportunidades. Pero no es el único peligro en el Camino de Santidad. Hay otro, más ruidoso y visible, que no se conforma con detener al viajero, sino que lo empuja a avanzar… en la dirección equivocada. Si la indecisión deja al alma inmóvil, la mala decisión la conduce hacia terrenos prohibidos, donde las consecuencias no tardan en manifestarse. Y así como el que no camina pierde lo que pudo vivir, el que camina mal arriesga lo que ya tiene. Ese es el siguiente paso que debemos considerar.

La Decisión Incorrecta: Maldiciones.

Una mala decisión trae consecuencias negativas que, en muchos casos, pueden ser interpretadas como maldiciones. No siempre se manifiestan de forma inmediata, pero su efecto se extiende como ondas en el agua, alcanzando áreas de la vida que parecían seguras. A veces se traducen en pérdidas materiales, otras en rupturas emocionales, y en lo espiritual, en un distanciamiento doloroso de Dios. Lo cierto es que cada elección contraria a la verdad y a la justicia abre una puerta a consecuencias que no controlamos. Y aunque el arrepentimiento puede traer perdón, las huellas de esa decisión pueden permanecer por largo tiempo.

En el camino acuático, hay aguas restringidas por su peligrosidad o por leyes internacionales. No son zonas para la navegación libre: corrientes traicioneras, arrecifes ocultos o territorios vigilados las convierten en lugares de alto riesgo. Sin embargo, el navegante, movido por la soberbia o la imprudencia, decide adentrarse. Ignora las advertencias, confiando en su experiencia o en la aparente calma de la superficie. Al principio, todo parece bajo control, pero pronto la realidad se impone: una tormenta repentina, un arrecife que desgarra el casco, o la llegada de autoridades que lo detienen. Lo que pudo ser una travesía segura se transforma en naufragio, sanción o pérdida total. La desobediencia, en el mar, no solo pone en riesgo la embarcación, sino también la vida y el futuro del navegante.

En el camino aéreo, un piloto decide volar sobre un espacio aéreo prohibido. Las razones pueden variar: acortar la ruta, ahorrar combustible o simplemente desafiar las normas. Sin embargo, esas zonas restringidas existen por motivos de seguridad, defensa o protección de vidas. La transgresión no tarda en tener consecuencias: alarmas en radares, advertencias por radio, y en casos extremos, la interceptación por fuerzas militares. El cielo, que parecía abierto y sin límites, se convierte en un escenario de tensión y peligro. La decisión de ignorar las reglas no solo pone en riesgo la aeronave, sino que puede desencadenar incidentes internacionales y consecuencias irreversibles.

En el camino terrestre, un viajero se encuentra con señales claras: "Prohibido el paso", "Zona minada", "Área de alto riesgo".

Sin embargo, decide seguir adelante. Tal vez por curiosidad, por orgullo o por la falsa creencia de que "a mí no me pasará nada". El terreno, al principio, parece inofensivo, pero pronto revela su amenaza: un paso en falso y la tragedia se desata. Las señales estaban ahí, visibles y comprensibles, pero fueron ignoradas. El resultado es siempre el mismo: pérdida, dolor y, en ocasiones, la imposibilidad de volver atrás.

En la vida personal, estas escenas se repiten de forma menos visible pero igual de peligrosa. Hay decisiones que sabemos que son incorrectas: relaciones tóxicas, negocios deshonestos, hábitos destructivos. Aun así, se toman por impulso, orgullo o deseo. La voz de la conciencia advierte, los consejos de personas sabias resuenan, pero se eligen caminos prohibidos. Y, como en los ejemplos anteriores, las consecuencias llegan: pérdida de paz, rupturas, deudas, heridas emocionales. La transgresión, tarde o temprano, cobra su precio.

En lo espiritual, la decisión incorrecta es caminar deliberadamente por sendas que Dios ha prohibido. No se trata de un error por ignorancia, sino de una elección consciente de desobedecer. Es como si el alma, conociendo la Palabra y escuchando la voz del Espíritu, decidiera apartarse hacia terrenos que Él ha declarado peligrosos. Puede ser un pecado acariciado, una práctica que contradice la santidad, o una alianza que compromete la fe. Al principio, el camino puede parecer atractivo, incluso inofensivo, pero pronto se revela su verdadera naturaleza: esclavitud, vacío y separación de la presencia de Dios.

La Escritura es clara: *"Hay camino que al hombre le parece derecho, pero su fin es camino de muerte"* (Proverbios 14:12). La desobediencia espiritual no solo trae consecuencias visibles, sino que abre puertas a maldiciones que afectan el alma, la familia y, en ocasiones, generaciones enteras. Es como sembrar en tierra estéril: por más esfuerzo que se ponga, el fruto será amargo.

Ignorar las advertencias divinas es despreciar el amor de Aquel que las puso para protegernos. Dios no prohíbe por capricho, sino por cuidado. Cada límite que Él establece es un muro de misericordia que nos guarda del precipicio. Cruzarlo es elegir el dolor sobre la paz, la pérdida sobre la bendición.

El arrepentimiento sincero puede restaurar, pero no siempre borra las consecuencias. Por eso, la verdadera sabiduría es obedecer antes de caer, escuchar antes de transgredir, y recordar que el Camino de Santidad no admite atajos prohibidos. Caminar en Él es vivir bajo la bendición; apartarse, es abrir la puerta a la maldición.

La Decisión Correcta: Bendiciones

Si la indecisión roba el tiempo y la mala decisión roba la paz, la decisión correcta abre la puerta a la plenitud. Es el momento en que el viajero no solo reconoce el camino, sino que lo transita con paso firme y dirección segura. Aquí no hay pérdida ni vacío, sino fruto y propósito cumplido. La obediencia y la sabiduría se convierten en viento a favor, y cada paso dado en la dirección correcta se transforma en una semilla de bendición que dará cosecha abundante. Este es el terreno fértil donde la vida florece y el alma se fortalece.

En el camino acuático, el navegante contempla el mar en calma y reconoce que es el momento oportuno. No duda, no se desvía, no se deja distraer. Zarpa con confianza, sabiendo que la ruta ha sido trazada con cuidado y que las condiciones son favorables. Durante la travesía, disfruta de la brisa, del horizonte abierto y de la certeza de avanzar hacia un destino seguro. Al llegar, recoge el fruto de su decisión: experiencias enriquecedoras, aprendizajes valiosos y la satisfacción de haber aprovechado la oportunidad. La bendición aquí es doble: el viaje mismo y el puerto alcanzado.

Decisión

En el camino aéreo, el pasajero aborda el vuelo con serenidad. Confía en el piloto, en la aeronave y en la ruta establecida. No se inquieta por lo que no controla, sino que se enfoca en disfrutar el trayecto. Desde las alturas, contempla paisajes que solo ese viaje podía mostrarle. Al aterrizar, sabe que ha llegado a un lugar que amplía su horizonte y enriquece su historia. La bendición no es solo el destino, sino la paz que acompañó cada kilómetro recorrido.

En el camino terrestre, el viajero se pone en marcha por la senda segura. El sol ilumina su paso, el terreno es firme y el paisaje se convierte en un regalo constante. Cada paso lo acerca a la meta, pero también le permite disfrutar del presente: el canto de las aves, el aroma de la tierra, la compañía de quienes caminan a su lado. Al llegar, no solo alcanza la meta, sino que lleva consigo recuerdos, amistades y lecciones que permanecerán para siempre. La bendición es tanto el logro como el proceso.

En la vida personal, la decisión correcta es aquella que se alinea con la verdad, la prudencia y el propósito. Es elegir relaciones que edifican, proyectos que honran la integridad y hábitos que fortalecen el carácter. Estas decisiones abren puertas a oportunidades duraderas, generan paz interior y construyen un legado que trasciende el momento presente. La bendición se manifiesta en estabilidad, crecimiento y satisfacción profunda.

En lo espiritual, la decisión correcta es responder al llamado de Dios sin reservas. Es entrar por la puerta que es Cristo, caminar en obediencia y perseverar en la fe. Aquí, la bendición no es solo terrenal, sino eterna: paz que sobrepasa todo entendimiento, gozo que no depende de las circunstancias, provisión en medio de la necesidad y dirección clara en tiempos de incertidumbre. Es vivir bajo la cobertura del Pastor que guía, protege y sustenta.

La Escritura lo confirma:

"Bienaventurado el hombre que confía en el Señor, y cuya confianza es el Señor" (Jeremías 17:7).

La obediencia abre fuentes de bendición que alcanzan no solo al que decide, sino también a quienes le rodean. Caminar en el Camino de Santidad es vivir en la certeza de que cada paso está respaldado por la fidelidad de Dios.

Reflexión Personal: "Decidir para Vivir"

Ante un camino abierto, el hombre siempre se enfrenta a una elección. Puede quedarse inmóvil, atrapado en la indecisión, viendo cómo la oportunidad se aleja hasta perderse en el horizonte. Puede avanzar, pero por sendas prohibidas, ignorando las advertencias y cosechando las consecuencias amargas de su desobediencia. O puede, con discernimiento y fe, tomar la decisión correcta y caminar por la senda que conduce a la vida.

La indecisión roba el tiempo y marchita los sueños; la decisión incorrecta roba la paz y siembra dolor. Pero la decisión correcta abre la puerta a la plenitud: paz que sobrepasa todo entendimiento, gozo que no depende de las circunstancias y propósito que da sentido a cada paso.

En lo espiritual, estas tres decisiones revelan el estado del corazón:

El que no camina, rehúsa confiar.

El que camina mal, rehúsa obedecer.

El que camina bien, se rinde al amor y a la guía de Dios.

El Camino de Santidad no es un sendero para contemplar desde lejos ni para transitar a medias: es una invitación a vivir en comunión con Aquel que lo trazó con su propia sangre.

Hoy, la voz de Dios sigue resonando: *"Si escuchas hoy su voz, no endurezcas tu corazón"* (Hebreos 3:15). La bendición está al alcance de todo aquel que decide, con fe y obediencia, poner sus pies en el camino que lleva a la vida eterna.

Palabras al Oído

"Hijo mío, hija mía... yo siempre te muestro el camino de vida, el sendero seguro que he trazado para ti.

Sin embargo, en tu andar verás otros caminos que no provienen de mí, sendas que el mundo y el enemigo pondrán delante para apartarte de mi propósito.

No permitas que el temor te detenga ni que el orgullo te desvíe. Aférrate a mi voz, porque ella te guiará en medio de cualquier confusión.

No pospongas tu respuesta, porque cada día que eliges obedecerme es un día en que mi bendición se derrama sobre ti.

Yo soy tu guía y tu destino. Cada paso que des en mi voluntad abrirá fuentes de paz, provisión y gozo que alcanzarán no solo tu vida, sino también a quienes te rodean.

Camina conmigo: en mi camino encontrarás dirección, seguridad y plenitud.

Ven, decide, y vive."

Capítulo 11

EL HOMBRE Y LOS CAMINOS

Contacto

Capítulo 11

EL HOMBRE Y LOS CAMINOS

Contacto

En el capítulo anterior, "La decisión del hombre", vimos que elegir el camino es un acto de voluntad y fe. Pero la decisión, por sí sola, no transforma la vida. Es el contacto —el encuentro real entre el hombre y el medio del camino— lo que confirma que la elección ha sido auténtica. El contacto no es solo un roce superficial, sino una adhesión profunda: la entrega del cuerpo, la mente y el espíritu a las condiciones del trayecto. Sin contacto, el camino sigue siendo una idea; con contacto, se convierte en experiencia viva, en formación, en revelación.

Contacto con el Camino Acuático

El agua tiene su propio lenguaje. No se impone, pero tampoco se deja ignorar. Al entrar en ella, el hombre es recibido por un abrazo líquido que puede ser frío y cortante, provocando un estremecimiento que recorre la piel, o tibio y envolvente, relajando los músculos. La respiración se ajusta, el corazón acelera o se calma, y los sentidos se agudizan: la vista se distorsiona bajo la superficie, el oído percibe sonidos amortiguados, y el cuerpo aprende a flotar o a impulsarse. En este medio, la resistencia no es sólida, sino fluida; avanzar requiere adaptarse a un entorno que cede y, a la vez, se opone.

Así es la vida cuando Dios nos introduce en circunstancias cambiantes: debemos aprender a movernos con gracia y perseverancia, sin perder el rumbo.

"Cuando pases por las aguas, yo estaré contigo; y si por los ríos, no te anegarán" (Isaías 43:2).

Esta palabra profética no solo habla de protección en medio de crisis, sino también de presencia divina en medio del contacto humano. En la simbología bíblica, el agua —y especialmente los mares— representa muchas veces las multitudes, las naciones, las personas. El contacto con el camino acuático puede entonces interpretarse como el encuentro inevitable con la diversidad humana: rostros, temperamentos, culturas, heridas, formas de pensar.

Dios no nos llama a caminar solos, sino a atravesar el río de las relaciones humanas. Y en ese trayecto, no todos los encuentros serán cómodos. Habrá personas que nos desafíen, que nos incomoden, que nos confronten. Pero son parte del diseño. Son las aguas que Dios permite para desarrollar en nosotros el amor verdadero, ese que no se basa en afinidad, sino en obediencia.

El contacto con el camino acuático enseña que adherirse es confiar en que, aunque el medio sea inestable, Dios sostiene. Y que, aunque las aguas representen multitudes con personalidades difíciles, Él nos da la capacidad de sobrellevarlas sin ser anegados. Porque el amor que viene de Dios no se ahoga en el rechazo, ni se hunde en la diferencia. Aprende a flotar, a avanzar, a bendecir.

Contacto con el Camino Aéreo

En el aire, el contacto es con lo invisible: corrientes que impulsan o frenan, presiones que exigen equilibrio. La piel siente el roce del viento, el oído se llena de su silbido, y el cuerpo se inclina o se endereza para mantenerse firme. La respiración se vuelve consciente, pues el aire es el medio que sostiene y, a la vez, puede volverse inestable. Aquí, el hombre aprende que adherirse al camino implica confiar en fuerzas que no siempre ve, pero que lo llevan más allá de sus propias fuerzas.

"El viento sopla de donde quiere, y oyes su sonido; más ni sabes de dónde viene, ni a dónde va; así es todo aquel que es nacido del Espíritu" (Juan 3:8).

El aire representa el ambiente espiritual. Flotar en el Espíritu de Dios es una experiencia gloriosa: hay momentos de ligereza, de elevación, de paz que sobrepasa todo entendimiento. El alma se siente sostenida, guiada, inspirada. Pero también hay tormentas inevitables. El contacto con la atmósfera espiritual no es solo con los ángeles de Dios, sino también con las fuerzas oscuras del mal que habitan en las regiones celestes.

Al unirnos al ejército de Dios, automáticamente pasamos a ser sus aliados, y, por tanto, los enemigos de Dios se convierten en nuestros enemigos. No es una guerra buscada, pero sí inevitable. El que vuela en el Espíritu será atacado por el enemigo, no por debilidad, sino por posición. El aire se agita, las corrientes se cruzan, y el alma debe aprender a mantenerse firme en medio del combate.

Pero hay una verdad que sostiene al que ha hecho contacto con este camino: los que son guiados por el Espíritu siempre estarán en victoria, porque nuestro Dios es El Elyon, el Altísimo, el que está por encima de todo principado, potestad y fuerza del mal. En Él, el vuelo no se detiene, aunque haya turbulencia. En Él, el viento no nos arrastra, sino que nos impulsa. En Él, el cielo no es amenaza, sino destino.

El contacto con el camino aéreo nos recuerda que la adhesión requiere fe en lo que no se ve, pero se experimenta. Y que esa fe no es ingenua, sino militante. Porque el que vuela en el Espíritu no solo contempla... conquista.

Contacto con el Camino Terrestre

La tierra ofrece firmeza, pero no uniformidad. Puede ser áspera, pedregosa, blanda o resbaladiza. Cada textura envía señales a través de la planta de los pies; el calor del sol endurece el suelo, la lluvia lo ablanda. El cuerpo responde ajustando el paso, la postura y la fuerza. El polvo puede secar la garganta, la tierra húmeda puede llenar los pulmones con su aroma. En este medio, adherirse significa aceptar que la firmeza no excluye los obstáculos, y que cada irregularidad es parte del aprendizaje.

"El que camina en integridad anda confiado" (Proverbios 10:9).

Caminar con los pies implica dar pasos. Y una caminata no se define por la intención, sino por la acción repetida. Un maratón no se conquista con entusiasmo inicial, sino con constancia, ritmo y firmeza en cada paso. Así también, el camino de santidad no se recorre con una decisión del ayer, sino con una disposición diaria. Cada jornada exige nuevos pasos: orar, leer las Escrituras, someter la carne, resistir la tentación, amar al prójimo, perdonar, servir.

La santificación no es un acto instantáneo, sino un proceso continuo. No ocurre en un altar, sino en el polvo del camino. Cada paso que damos en obediencia, cada decisión que tomamos en fidelidad, cada renuncia que hacemos por amor a Cristo... es parte del trayecto. Y aunque el terreno cambie —a veces firme, a veces resbaladizo—, el llamado es el mismo: no abandonar la senda.

El contacto con el camino terrestre enseña que la adhesión no es emoción, sino perseverancia. Que la firmeza no significa ausencia de dificultad, sino presencia de propósito. Y que el que camina en integridad, aunque sienta el peso del trayecto, anda confiado, porque sabe que cada paso lo acerca más a la meta eterna.

Contacto con el Camino Personal

Este camino no se mide en distancias físicas, sino en procesos internos. El contacto aquí es con uno mismo: con las emociones, las limitaciones, las fortalezas y las heridas. El cuerpo reacciona ante la presión de las responsabilidades, la tensión de las decisiones, la fatiga de la perseverancia. El pulso se acelera en momentos de temor, los músculos se tensan ante la incertidumbre, o se relajan en instantes de paz. Adherirse al camino personal es aceptar que uno mismo es terreno de trabajo, y que no se puede avanzar sin enfrentar lo que hay dentro.

"Sobre toda cosa guardada, guarda tu corazón; porque de él mana la vida" (Proverbios 4:23).

Cuando un individuo se traza una meta y decide caminar hacia ella, no solo activa su voluntad… también despierta sus sombras. Surgen debilidades, traumas interiores, heridas personales que parecían dormidas. Es una co-reacción a lo bueno: el alma, acostumbrada a la inestabilidad o al fracaso, se resiste al cambio. No por maldad, sino por hábito. El patrón de derrota se ha adherido como una segunda piel, y romperlo requiere más que entusiasmo: requiere enfoque, determinación y fe.

El contacto con el camino personal revela que el mayor enemigo no siempre está fuera, sino dentro. La voz que dice "no puedes", "ya fallaste antes", "esto no es para ti" no viene del entorno, sino de la memoria emocional. Pero cada paso hacia la meta, cada pequeña conquista, cada decisión sostenida… va sustituyendo ese patrón de derrota por uno nuevo: el patrón de victoria.

Y ese cambio no ocurre de golpe, sino por persistencia. El que se atreve a caminar en santidad, en propósito, en obediencia, debe hacerlo todos los días. No basta con una decisión del ayer. Cada jornada exige pasos nuevos: perdonar, avanzar, resistir, confiar. La santificación es un proceso continuo, no un acto instantáneo. Y el corazón, como fuente de vida, debe ser guardado, sanado y alineado constantemente.

El contacto con el camino personal nos recuerda que la adhesión comienza en lo íntimo, en la disposición del corazón. Y que el terreno más difícil de conquistar no es el mundo... es uno mismo. Pero en Cristo, incluso ese terreno puede florecer.

Contacto en el Camino Espiritual

Este es el destino y la cima de todos los caminos. El medio no es físico, pero es real: la presencia de Dios, la luz de Su Palabra, el soplo de Su Espíritu. El contacto espiritual no es un roce superficial, sino una unión viva con Cristo. Aquí, adherirse significa abrazar Su Palabra, seguir Su ejemplo de vida y entrega a Dios. El cuerpo puede estremecerse en adoración, las lágrimas pueden brotar sin aviso, la voz puede quebrarse en oración. El corazón late con un ritmo distinto, marcado por la comunión con lo eterno.

"Yo soy el camino, y la verdad, y la vida; nadie viene al Padre, sino por mí" (Juan 14:6).

Los primeros contactos con el Camino de Santidad suelen estar envueltos en una serie de emociones intensas: quebranto al reconocer y confesar nuestros pecados, alegría al saber que hemos sido perdonados, asombro al recibir revelación, paz al sentir la presencia de Dios. Son momentos gloriosos, donde el alma se abre y el Espíritu ministra con profundidad.

Pero, aunque estas emociones son reales y valiosas, la fe no se basa en ellas. Porque llegarán días donde el corazón no sentirá, donde la mente estará nublada, donde el cuerpo estará cansado. Días donde las emociones no desearán las cosas de Dios, y donde el alma parecerá seca. Es allí donde el contacto con el Camino de Santidad se prueba: no por lo que sentimos, sino por lo que decidimos.

"Permaneced en mí, y yo en vosotros... porque separados de mí nada podéis hacer" (Juan 15:4–5).

La adhesión en este camino no es opcional: es la única forma de llegar al destino eterno. Y permanecer en Cristo no significa sentirlo todo el tiempo, sino obedecerlo incluso cuando no lo sentimos. Es tomar decisiones correctas, no porque el alma lo desea, sino porque el espíritu está fortalecido y sabe cuál es la voluntad de Dios.

El contacto con el Camino de Santidad enseña que la comunión con Dios no depende de estados emocionales, sino de convicciones espirituales. Que el amor verdadero no se mide por intensidad emocional, sino por fidelidad diaria. Y que el que permanece en Él, aunque pase por desiertos, llevará fruto en su tiempo, porque está unido a la fuente de vida.

Reflexión Personal: "El Poder de Adherirse"

En todos los caminos —acuático, aéreo, terrestre, personal y espiritual— el contacto es la evidencia de que la decisión ha sido auténtica. Sin contacto, el camino permanece como una idea; con contacto, se convierte en experiencia transformadora.

¿Alguna vez pensaste que solo a ti te costaba tratar con ciertas personas? ¿Que tu dificultad para amar a quienes te incomodan era señal de debilidad espiritual? ¿Has sentido que Dios te abandonó solo porque no experimentabas emociones intensas en la oración?

Si es así, no estás solo. El contacto con el camino revela que la lucha es parte del trayecto, y que la incomodidad no invalida la fe, sino que la fortalece.

El agua enseña a fluir y adaptarse, incluso cuando las olas son personas difíciles de amar. El aire enseña a confiar en lo que no se ve, incluso cuando el Espíritu parece silencioso. La tierra enseña a perseverar paso a paso, incluso cuando el terreno se vuelve árido. El camino personal enseña a examinar el corazón, incluso cuando lo que se encuentra dentro no es lo que esperábamos. Y el espiritual enseña a unirse a Cristo, incluso cuando las emociones no acompañan.

Adherirse no es solo avanzar: es permitir que el camino moldee el carácter, fortalezca la fe y revele la dependencia de Dios. ¿Estás dispuesto a seguir caminando, aunque no sientas nada? ¿A amar, aunque no te nazca? ¿A obedecer, aunque no entiendas?

Contacto

El contacto verdadero implica entrega: aceptar la incomodidad, abrazar el aprendizaje y permanecer firme aun cuando el medio cambie.

En el Camino de Santidad, la adhesión no es opcional: es la esencia misma del andar cristiano. Permanecer en Cristo es vivir en comunión constante, dejar que Su vida fluya en la nuestra, y permitir que cada paso refleje Su huella. Porque en cada decisión sostenida, en cada paso dado por obediencia, se confirma que Él no solo es nuestro destino… Él es nuestro Camino.

Palabras al Oído

"Hijo mío, hija mía... no basta con que sepas cuál es mi camino; debes caminarlo conmigo. El contacto es más que un paso: es tu corazón entregado, tu voluntad rendida y tu vida ajustada a mi dirección.

En el agua de las pruebas, yo te sostengo. En el viento de lo invisible, yo te impulso. En la tierra de la perseverancia, yo afirmo tus pasos. En tu interior, yo sano y fortalezco. Y en lo espiritual, yo me uno a ti para siempre.

¿Pensaste que eras el único que se cansaba? ¿Que eras el único que no sentía nada en la oración? ¿Que eras el único que luchaba por amar a quienes te incomodan? No estás solo. Yo estoy contigo en cada tramo, en cada silencio, en cada paso que das por obediencia.

No temas al medio ni a sus cambios: yo soy constante. No te detengas en la orilla, no contemples desde lejos. Sumérgete, avanza, permanece.

Permanecer en mí es tu seguridad, tu fuerza y tu destino. Separa tu corazón de lo que te distrae y aférrate a mí. En mi camino no solo llegarás, sino que serás transformado mientras avanzas. Yo soy tu sostén, tu guía y tu meta."

Capítulo 12

EL HOMBRE Y LOS CAMINOS

Límites

Capítulo 12

EL HOMBRE Y LOS CAMINOS

Límites

Después de decidirse y dar el primer paso, después de sentir el contacto real con el camino, algo cambia en el interior del hombre: el miedo inicial se disipa, la confianza crece y el avance se vuelve más natural. Pero esa misma confianza puede convertirse en un arma de doble filo.

¿No te ha pasado que, al sentirte firme, comenzaste a ignorar señales que antes respetabas? ¿Que la seguridad te hizo olvidar que todo camino —por más abierto y favorable que parezca— tiene límites que no deben cruzarse?

Olvidar los límites es como cerrar los ojos mientras se avanza: el movimiento continúa, pero el peligro aumenta. Cada medio, cada senda, impone condiciones que el hombre no puede cambiar. No se trata de temor, sino de discernimiento.

Reconocer los límites no es señal de debilidad, sino de sabiduría. Porque el que camina sin conciencia de los bordes, tarde o temprano tropieza.

Los límites no son enemigos del avance, sino guardianes del propósito. Son las líneas que Dios ha trazado para proteger, corregir y formar. Y el hombre que los honra, aunque parezca restringido, camina más libre que aquel que los ignora.

Los Límites del Camino Acuático

En el agua, la sensación de ligereza y libertad puede engañar. Tras los primeros metros, el nadador experimentado siente que domina el medio: el cuerpo flota, los movimientos son fluidos, el avance es constante. Pero el agua tiene reglas inquebrantables: el hombre no puede respirar bajo ella, no puede nadar indefinidamente sin agotarse, y no puede alcanzar grandes profundidades sin arriesgar su vida.

¿No te ha pasado que, después de un tiempo en el camino, sentiste que ya lo entendías todo? ¿Que tu avance era tan fluido que olvidaste que también hay corrientes ocultas, presiones invisibles, temperaturas que cambian sin aviso?

La confianza es buena, pero sin prudencia se vuelve peligrosa.

La temperatura, las corrientes y la presión ejercen límites invisibles pero reales. Un exceso de confianza puede llevar a adentrarse demasiado lejos de la orilla o a sumergirse más allá de lo seguro.

El agua enseña que la resistencia física y la capacidad pulmonar son fronteras que no se pueden ignorar. Y en la vida espiritual, también hay límites que Dios ha trazado para preservar nuestra salud emocional, nuestra comunión y nuestro propósito.

En el camino acuático, la prudencia es tan necesaria como la fuerza. Reconocer los límites no es retroceder, es honrar el diseño de Dios. Porque el que se adentra sin escuchar, sin medir, sin discernir… puede terminar ahogado en su propia autosuficiencia. Pero el que avanza con humildad, reconociendo sus límites y confiando en la guía divina, preserva la vida y alcanza la meta.

Los Límites del Camino Aéreo

En el aire, la sensación de altura y velocidad puede embriagar. El piloto o el pasajero que ya ha superado el temor inicial puede creer que el cielo es suyo sin restricciones. Pero el aire también tiene límites: la altitud máxima que un cuerpo puede soportar sin oxígeno adicional, la resistencia de la aeronave, las condiciones meteorológicas que pueden cambiar en segundos.

¿Has sentido alguna vez que tu vida espiritual iba tan alto que nada podía detenerte? ¿Que el viento del Espíritu te impulsaba con tal fuerza que pensaste que no había más límites?

Es allí donde el peligro se disfraza de confianza. Porque el viento, que antes parecía un aliado, puede convertirse en enemigo si se subestima su fuerza. La atmósfera misma marca un punto donde el hombre no puede seguir sin protección especial.

En el camino aéreo, la humildad ante lo invisible es esencial. El cielo es vasto, pero no ilimitado para el hombre. El que vuela sin reconocer sus límites, sin consultar al Espíritu, sin ajustar su altitud, corre el riesgo de perder el rumbo. Pero el que se deja guiar, el que reconoce que incluso en lo alto hay fronteras trazadas por Dios, ese permanece seguro.

Los límites en el aire no son para frenar el vuelo, sino para preservar la misión. Porque el que vuela con obediencia, aunque no siempre entienda las corrientes, llega más lejos que el que se deja llevar por su impulso.

Los Límites del Camino Terrestre

En tierra firme, la confianza puede llevar a pensar que no hay límites. El viajero que ha superado tramos difíciles puede creer que puede recorrer cualquier distancia, en cualquier condición. Pero el cuerpo se fatiga, los pies se desgastan, la deshidratación y el hambre pueden detener incluso al más fuerte.

¿Has sentido que, por haber vencido ciertas pruebas, ya no necesitas detenerte, planificar o cuidar tu ritmo? ¿Que tu fortaleza espiritual te permite avanzar sin pausa, sin descanso, sin revisión?

Es allí donde el terreno comienza a hablar. Porque la tierra también impone sus fronteras: montañas que requieren equipo especial, desiertos que exigen provisiones, climas extremos que ponen a prueba la resistencia.

La tierra enseña que la fortaleza humana tiene un alcance, y que ignorarlo puede convertir un viaje seguro en una lucha por sobrevivir.

El que camina sin reconocer sus límites, sin cuidar su cuerpo, sin alimentar su alma, puede terminar agotado en medio del trayecto. Pero el que se detiene para evaluar, para rehidratarse en la presencia de Dios, para ajustar su paso según la estación... ese permanece.

En el camino terrestre, la resistencia debe ir acompañada de planificación y cuidado. Porque no se trata solo de avanzar, sino de llegar con vida, con propósito y con integridad. Y eso solo lo logra el que camina con sabiduría, reconociendo que incluso en lo firme, hay límites que Dios ha trazado para protegernos.

Los Límites del Camino Personal

En el ámbito personal, los límites no son geográficos, sino internos. El entusiasmo inicial puede llevar a asumir más responsabilidades de las que se pueden manejar, a fijar metas irreales o a ignorar señales de agotamiento emocional.

¿Alguna vez sentiste que tenías que estar en todas partes, agradar a todos, resolverlo todo? ¿Que, si no lo hacías, algo en ti fallaba? ¿Que tu valor dependía de tu rendimiento?

Es allí donde el alma comienza a sobrecargarse. Porque el hombre no puede estar en todas partes, no puede agradar a todos, no puede resolverlo todo. La mente y el corazón tienen un umbral de carga, y sobrepasarlo conduce al desgaste, la frustración y, a veces, a la pérdida de propósito.

Reconocer los límites no es rendirse, es recalibrar. Es entender que avanzar no significa agotarse, y que cuidar el corazón es parte del llamado. En el camino personal, reconocer los límites es un acto de autocuidado y de realismo que permite avanzar de forma sostenible. Porque el que se cuida, permanece. Y el que permanece, fructifica.

Los Límites del Camino Espiritual

En el Camino de Santidad, los límites existen, y algunos provienen de Dios mismo. No todos los bordes son producto de la debilidad humana; muchos son líneas trazadas por el Padre para nuestro cuidado. Dios establece límites para protegernos del error, para guiarnos en la verdad, y para formar en nosotros un carácter conforme a Cristo.

Pero también hay límites que nacen de nuestra condición humana: la falta de fe y entendimiento, la influencia del pecado o del ego, la confusión doctrinal o espiritual... todas estas limitaciones afectan el caminar. No es que el camino sea inaccesible, es que el alma necesita ser transformada para recorrerlo.

¿Has sentido que, después de un tiempo de fervor, tu fuerza comenzó a menguar? ¿Que tu oración se volvió rutina, que tu lectura se volvió superficial, que tu comunión se volvió distante? ¿Pensaste que eras el único que se enfriaba, el único que tropezaba, el único que dudaba?

No estás solo. El creyente que inicia con pasión puede, con el tiempo, confiar más en su propia fuerza que en la gracia de Dios. Puede olvidar que la vida espiritual requiere alimento constante en la Palabra, oración perseverante y comunión con otros creyentes. Puede subestimar la sutileza del pecado o la astucia del enemigo.

"Velad y orad, para que no entréis en tentación; el espíritu a la verdad está dispuesto, pero la carne es débil" (Mateo 26:41).

En este camino, adherirse a Jesús es la única forma de superar los límites humanos. Él es la fuente de la fe, el maestro del entendimiento, el que limpia del pecado y ordena la doctrina. Hacer contacto con Él no es un evento único, sino una permanencia diaria. No se trata de sentirlo, sino de seguirlo. No se trata de entenderlo todo, sino de confiar en Su guía.

"Todo lo puedo en Cristo que me fortalece" (Filipenses 4:13).

En el camino espiritual, reconocer los límites propios y honrar los límites divinos no es señal de derrota, sino el primer paso hacia la dependencia plena en Cristo. Porque solo el que reconoce su debilidad puede recibir Su fuerza. Y solo el que se rinde a Él, puede caminar en victoria.

Reflexión Personal: "La Sabiduría de Reconocer los Límites"

Todo camino ofrece promesas y desafíos. La confianza que nace tras los primeros pasos es un regalo, pero también una prueba: ¿seremos capaces de recordar que no somos dueños absolutos del sendero? ¿No hemos sentido alguna vez que, por avanzar con firmeza, ya no necesitamos detenernos, escuchar, evaluar? ¿Que los límites eran para otros, pero no para nosotros?

El agua, el aire, la tierra, el ámbito personal y el espiritual nos enseñan que la verdadera libertad no es ausencia de límites, sino la sabiduría de reconocerlos y caminar dentro de ellos. ¿Has pensado que tus luchas internas eran únicas? ¿Que solo tú te cansabas, solo tú dudabas, solo tú tropezabas? No estás solo. Todos enfrentamos bordes invisibles que nos enseñan a depender.

En la vida espiritual, esta verdad se vuelve aún más profunda: no se trata de cuánto avancemos por nuestra propia fuerza, sino de cuánto nos dejamos guiar por Aquel que no conoce fronteras. Reconocer nuestras limitaciones no es rendirse, sino aferrarse más al Dios que nos conduce. Porque los límites que Él establece no nos detienen, nos protegen.

El hombre que acepta sus límites no se detiene, sino que avanza con paso seguro, consciente de que la fortaleza viene de Cristo. Así, el camino deja de ser una carrera por llegar y se convierte en una travesía para aprender, crecer y permanecer fiel hasta el final… y es aquí donde la voz de Dios nos recuerda cómo caminar seguros: no por impulso, sino por obediencia; no por emoción, sino por comunión.

Palabras al Oído

*"Hijo mío, hija mía... ¿pensaste que los límites eran castigo?
¿Que solo tú luchabas con tus fuerzas agotadas, con tu deseo de
avanzar más allá de lo que podías?*

*No te llamé a caminar sin límites, sino a avanzar dentro de los
que yo he establecido para tu bien.*

*Cada frontera que pongo es un muro de amor que te guarda del
peligro y te preserva para llegar a la meta.*

*En las aguas, yo soy tu sostén; en los cielos, tu equilibrio; en la
tierra, tu fortaleza; en tu interior, tu paz; y en lo espiritual, tu
victoria.*

*No veas los límites como cadenas, sino como señales que te
mantienen en mi senda.*

*Cuando reconozcas que no puedes más, recuerda que yo sí puedo.
Cuando sientas que llegaste al final de tus fuerzas, yo seré tu
fuerza.*

Avanza confiado: mis límites no te detienen, te protegen.

*Permanece en mí, y descubrirás que dentro de mis límites hay
plenitud, seguridad y vida eterna."*

Oración Pastoral

Amado Señor, Guía de mi senda, hoy mi alma se inclina ante Ti para agradecerte porque, aun antes de que yo existiera, Tú habías trazado un camino que conduce a la vida. Un sendero abierto por Tu amor, iluminado por Tu verdad y sostenido por Tu gracia.

Gracias porque, en medio de tantas rutas inciertas, me llamaste por mi nombre y me diste el valor para dejar lo que me retenía y dar el paso hacia Ti. En ese primer encuentro, sentí que mis pies tocaban terreno firme, que mis manos se aferraban a la seguridad de Tu presencia, y que mi corazón encontraba reposo en Tu voz.

Tú has sido mi fuerza cuando el agua me rodeaba, mi sostén cuando el viento me empujaba, mi firmeza cuando la tierra se volvía áspera, y mi luz cuando mi interior se oscurecía. En cada tramo, me has enseñado que caminar contigo no es solo avanzar, sino permanecer unido a Ti, como el sarmiento a la vid, recibiendo vida de Tu vida.

¿Y cómo no reconocer, Señor, que mis fuerzas tienen un límite? Que mi entendimiento es finito, y que mi corazón puede extraviarse si no se aferra a Ti.

Guárdame de la soberbia que olvida las fronteras, de la autosuficiencia que me aparta de Tu mano, y de la distracción que me hace perder de vista Tu rostro.

Enséñame a caminar con paso firme y humilde, a escuchar Tu voz en cada decisión, a sentir Tu presencia en cada contacto, y a respetar los límites que me guardan de caer. Que mi confianza no esté en mi capacidad, sino en Tu fidelidad; no en mi fuerza, sino en Tu Espíritu.

Y cuando llegue al final de esta jornada, que pueda decir con gozo: "He corrido la carrera, he guardado la fe", sabiendo que cada paso fue sostenido por Tu amor eterno.

En el nombre de Jesús, mi Camino, mi Verdad y mi Vida. Amén.

"La ciencia del prudente está en entender su camino; Mas la indiscreción de los necios es engaño."
(Proverbios 14:8)

Sección IV
EL TRANSPORTE
La Ayuda en el Camino

"Entenderé el camino de la perfección Cuando vengas a mí.
En la integridad de mi corazón andaré en medio de mi casa"
(Salmos 101:2)

Sección IV: El Transporte

En esta cuarta sección nos adentraremos en la importancia del transporte en el recorrido espiritual. Si antes reflexionamos sobre el hombre y los caminos que se le presentan, ahora veremos que no basta con conocer la senda: es necesario contar con el medio adecuado para transitarla. El transporte no es un accesorio opcional, sino un recurso esencial que determina la velocidad, la seguridad y la eficacia del viaje.

La Escritura nos recuerda que el Señor no solo traza el camino, sino que también provee los medios para recorrerlo. Así como en la vida física necesitamos herramientas, vehículos o recursos para llegar a destino, en la vida espiritual requerimos provisión, dirección y fortaleza que solo Dios puede dar. El transporte puede ser una bendición que impulsa, un diseño perfecto que protege, o un recurso que, si se quiebra, nos obliga a depender aún más del Proveedor.

A través de cuatro capítulos, descubriremos:

➢ **El Transporte – que se necesita**: cómo identificar y recibir los recursos espirituales indispensables para avanzar en la senda de Dios.

➢ **El Transporte – que trae beneficios**: cómo los medios provistos por el Señor no solo facilitan el viaje, sino que enriquecen la experiencia y fortalecen la fe.

➢ **El Transporte – que tiene diseño**: cómo cada recurso divino responde a un plan perfecto, adaptado a las necesidades y al propósito de cada viajero.

➢ **El Transporte – que se quiebra**: cómo enfrentar las crisis cuando el medio de avance falla, y cómo estas pruebas pueden convertirse en oportunidades para confiar más en Dios.

Esta sección no es solo un análisis de los medios para avanzar, sino una invitación a reconocer la provisión divina, a cuidar lo que se nos ha confiado y a depender plenamente del Señor, sabiendo que Él es tanto el dador del camino como el sustentador del viaje.

Con esta perspectiva en mente, avancemos hacia el primer capítulo, donde descubriremos qué transporte necesitamos para recorrer con firmeza y propósito el camino que Dios ha trazado para nosotros.

Capítulo 13

EL TRANSPORTE
Que se necesita

Capítulo 13

EL TRANSPORTE
Que se Necesita

Hemos hablado de caminos abiertos y cerrados, de decisiones que nos impulsan o nos detienen, de contactos que nos transforman y de límites que nos protegen. Hemos caminado juntos por aguas, cielos, tierras, senderos internos y sendas espirituales. Y ahora, querido lector, llegamos a un punto crucial: nadie recorre un camino largo solo con sus fuerzas.

En el capítulo anterior, reflexionamos sobre la interacción del hombre con los distintos caminos —acuático, aéreo, terrestre, personal y espiritual— y cómo el contacto directo con ellos revela sus límites. El cuerpo humano, por sí solo, no está diseñado para transitar muchos de estos caminos sin ayuda. El agua lo sumerge, el aire lo eleva sin sostén, la tierra lo desgasta, y el camino espiritual lo sobrepasa.

Esta realidad nos lleva a una conclusión inevitable: el hombre necesita un transporte para avanzar con seguridad y propósito en cada tipo de camino.

El Transporte

Así como existen barcos para el mar, aviones para el cielo y vehículos para la tierra, también debe existir un transporte para el Camino Espiritual. Pero aquí surge una pregunta crucial que no podemos evadir: En cuanto al Camino Espiritual, ¿existe algún transporte? ¿Es necesario un transporte en el Camino Espiritual? ¿Cuál es el transporte que debo usar para transitarlo?

Un auto, un barco o un avión no pueden llevarnos por este camino. Ni siquiera nuestro propio cuerpo tiene la capacidad de hacerlo. Pensar que podemos recorrer el Camino Espiritual sin un transporte adecuado es una ilusión peligrosa que nos aleja del destino final: una comunión eterna con Dios en santidad.

Necesitamos un transporte diseñado para moverse en el ambiente espiritual, que nos lleve sobre la expansión invisible del Reino, guardándonos de todo lo que amenaza nuestra travesía. Este transporte debe ofrecernos dirección, seguridad y el consuelo necesario para disfrutar el andar.

Ese transporte es el Espíritu Santo de Dios.

Una Imagen para Entenderlo

Imagina que estás en medio de un extenso desierto. Has caminado horas, el sol quema tu piel y la arena parece no tener fin. De pronto, a lo lejos, ves acercarse una caravana. No es un espejismo: es la ayuda que necesitabas. Te invitan a subir, y de pronto, el peso de tus pasos se aligera, el horizonte se acerca y la esperanza renace.

Así actúa el Espíritu Santo en el Camino Espiritual: llega en el momento preciso, te levanta, te impulsa y te lleva más allá de lo que tus fuerzas podrían lograr. No es un lujo, es una provisión estratégica de Dios para que llegues a destino.

Jesús lo dejó claro en su conversación con Nicodemo: *"...el que no naciere de agua y del Espíritu, no puede entrar en el reino de Dios."* (Juan 3:5)

Que se Necesita

El nuevo nacimiento es como embarcarse en el Espíritu de Dios. No es una metáfora forzada, sino una revelación divina que se repite a lo largo de las Escrituras mediante símbolos, parábolas y figuras literarias.

Consideremos algunos ejemplos:

- ❖ Moisés fue preservado en una canastilla sobre las aguas (Éxodo 2).
- ❖ Noé fue salvado por una embarcación diseñada por Dios (Génesis 6–9).
- ❖ Elías fue llevado por un torbellino, símbolo del Espíritu (2 Reyes 2:11).

El Espíritu Santo es repetidamente asociado con el viento:

"El viento sopla de donde quiere... así es todo aquel que es nacido del Espíritu." (Juan 3:8)

"Sopló en su nariz aliento de vida..." (Génesis 2:7)

"Vino del cielo un estruendo como de un viento recio... y fueron todos llenos del Espíritu Santo." (Hechos 2:2–4)

Ignorar la función del Espíritu Santo como transporte espiritual es caminar hacia el extravío. Jesús mismo prometió enviarlo como Consolador y guía:

"Y yo rogaré al Padre, y os dará otro Consolador... el Espíritu de verdad." (Juan 14:16–17)

Y si aún hay dudas, las Escrituras nos ofrecen múltiples testimonios de personas transportadas en el Espíritu:

Texto	Evidencia del Espíritu como transporte
Ezequiel 37:1	"Me llevó en el Espíritu de Jehová..."
Mateo 4:1	"Jesús fue llevado por el Espíritu..."

Hechos 8:39   "El Espíritu del Señor arrebató a Felipe…"

2 Corintios 12:1–4   "Fue arrebatado hasta el tercer cielo…"

Apocalipsis 4:1–2   "Al instante yo estaba en el Espíritu…"

Apocalipsis 21:10   "Me llevó en el Espíritu a un monte alto…"

Así que, sí existe un transporte para el Camino Espiritual, y su nombre es el Espíritu Santo. Él no solo nos lleva, sino que nos transforma, nos guarda y nos prepara para el destino final: una vida eterna en santidad junto a Dios.

El Camino de Santidad es el trayecto que el creyente recorre en su búsqueda de Dios, dejando atrás el pecado y abrazando la vida espiritual. Pero este camino no es una construcción humana ni una simple disciplina religiosa: es la vida de Jesucristo vivida en nosotros como modelo y destino. Él es el Camino, y caminar en santidad es seguirle, imitarle y permitir que su carácter sea formado en nosotros.

Esta senda exige una transformación del "yo" hacia "Cristo en mí", y esa obra solo puede realizarse por medio de la disposición voluntaria del hombre y la intervención del Espíritu Santo, quien nos guía, nos corrige y nos capacita para vivir como Jesús vivió.

Reflexión: Sin Él, no hay llegada

Querido lector, detente un momento y piensa: ¿Qué sería de un viajero que, en medio del desierto, rechaza subir a la caravana que Dios le envía? ¿Qué sería del náufrago que, viendo acercarse el barco, decide seguir nadando solo? ¿Qué sería del peregrino que, frente a un camino interminable, insiste en recorrerlo con sus propias fuerzas?

Así es el hombre que intenta vivir la vida espiritual sin el Espíritu Santo. Puede avanzar unos pasos, puede resistir un tiempo... pero tarde o temprano, el cansancio, la confusión y las tormentas lo detendrán.

El Espíritu Santo no es un accesorio opcional en el Camino de Santidad: es el único transporte que puede llevarnos hasta el final. Él es la fuerza que nos levanta cuando caemos, la dirección que nos orienta cuando dudamos, la voz que nos consuela cuando el corazón se enfría.

No se trata de "tener" al Espíritu como quien guarda un objeto valioso, sino de vivir en Él, moverse en Él y dejarse conducir por Él. Jesús lo prometió como Consolador, pero también como Guía, Maestro y Compañero de viaje.

Hoy, mientras lees estas líneas, la caravana del Espíritu pasa junto a ti. No la dejes ir. No confíes en tu resistencia ni en tu experiencia. Sube, entrégale el control, y permite que Él te lleve donde tus fuerzas jamás podrían.

Que se Necesita

Porque en este Camino, no gana el más rápido ni el más fuerte... sino el que se deja conducir por el Espíritu de Dios.

Que se Necesita

Palabras al Oído

"Hijo mío, hija mía... ¿Pensaste que debías caminar solo? ¿Que tu cansancio era señal de fracaso, y tu confusión prueba de abandono? Yo envié a mi Espíritu para que fuera tu transporte, tu fuerza y tu guía. Él conoce cada tramo del camino, cada curva, cada sombra y cada luz.

Cuando sientas que tus pies se cansan, deja que Él te lleve. Cuando no sepas hacia dónde girar, escucha su voz. Cuando el desierto te agobie, recuerda que Él es el agua que refresca y la sombra que cubre.

No temas entregar el control, porque en sus manos no hay extravío. Él no solo te conduce: te transforma mientras avanzas.

Sube a la caravana de mi Espíritu y confía. Yo mismo he preparado el transporte que te llevará hasta mi presencia."

Capítulo 14

EL TRANSPORTE

Que Trae Beneficios

Capítulo 14

EL TRANSPORTE
Que Trae Beneficios

Querido lector, el transporte no es simplemente un medio para moverse. Es mucho más que un recurso mecánico o físico: es una extensión de nuestras posibilidades. Nos permite ir más allá de lo que nuestras fuerzas naturales alcanzarían, nos ayuda a superar límites que, sin él, serían muros infranqueables, y transforma el viaje de una lucha agotadora en una travesía con propósito, dirección y consuelo.

En cada tipo de camino —acuático, aéreo, terrestre, personal y espiritual— el transporte ofrece beneficios concretos que cambian por completo la experiencia. No solo nos lleva más lejos, sino que nos lleva mejor.

Podríamos resumir sus beneficios así:

➢ **Recorrer mayores distancias**: alcanzar metas que por sí solo no podrías lograr.
➢ **Optimizar el uso del tiempo**: avanzar con eficiencia y efectividad.
➢ **Recibir protección**: ser guardado de los peligros del entorno.
➢ **Disfrutar el trayecto**: experimentar bienestar y gozo en el caminar.

Ahora, veamos cómo esto se manifiesta en cada camino.

Beneficios del transporte en el Camino Acuático

El agua es un medio inestable y profundo. Sin asistencia, el cuerpo humano se ve limitado: no puede flotar indefinidamente, ni avanzar grandes distancias, ni resistir corrientes poderosas. Aquí, el transporte —una embarcación, por ejemplo— se convierte en una extensión del cuerpo, diseñada para moverse con seguridad sobre las aguas.

Imagina a un hombre que posee una lancha, un yate y un velero. Cada embarcación le ofrece una experiencia distinta, pero todas comparten algo esencial: lo llevan más allá de lo que sus fuerzas podrían lograr. Cuando surca los mares en su velero, siente el viento como aliado, la madera como prolongación de su cuerpo, y el timón como extensión de su voluntad. No lucha contra el agua, la navega. No teme la profundidad, la atraviesa. No se pierde en la inmensidad, la contempla.

En ese momento, el hombre no solo se transporta: se transforma. La embarcación le da confianza, dirección y una sensación de comunión con el entorno. Se siente sostenido, guiado, acompañado. El mar ya no es amenaza, sino escenario de propósito. Y esa experiencia emocional —de seguridad, libertad y conexión— es lo que el transporte espiritual también ofrece al creyente que se deja llevar por el Espíritu.

Beneficios:

> - **Mayor distancia**: cruzar mares y océanos que serían imposibles de recorrer nadando.
> - **Más rápido**: reducir el esfuerzo físico y acelerar el desplazamiento.
> - **Protección**: resguardar de corrientes, criaturas marinas y condiciones extremas.
> - **Bienestar**: ofrecer estabilidad, descanso y una experiencia más placentera del entorno acuático.

Beneficios del transporte en el Camino Aéreo

El aire es un espacio elevado, ligero y vasto. El cuerpo humano no puede sostenerse en él por sí solo. El transporte aéreo —como una aeronave— permite elevarse, desplazarse por encima de obstáculos y alcanzar destinos lejanos.

Imagina a una persona que pilota su propia aeronave. Al despegar, siente cómo la tierra queda atrás y el horizonte se abre ante sus ojos. El rugido del motor se convierte en música de avance, y la cabina se transforma en un santuario suspendido entre cielo y propósito. A medida que asciende, el piloto no solo se eleva físicamente, sino emocionalmente: se siente libre, ligero, capaz. La altitud le ofrece perspectiva, y la velocidad le regala eficiencia.

En ese vuelo, el hombre no lucha contra el viento: lo usa. No teme la altura: la habita. No se pierde en la inmensidad: la domina con dirección. El transporte aéreo no solo lo lleva más lejos, lo eleva por encima de lo que antes lo detenía. Y esa experiencia —de visión, ligereza y dominio— es lo que el transporte espiritual también ofrece al creyente que se deja elevar por el Espíritu.

Beneficios:

- ➢ **Mayor distancia**: conectar regiones separadas por montañas, mares o desiertos.
- ➢ **Más rápido**: acortar tiempos de viaje que tomarían días o semanas por tierra.
- ➢ **Protección**: resguardar del vacío, la altitud y las condiciones atmosféricas.
- ➢ **Bienestar**: ofrecer visión panorámica, comodidad y una experiencia de altura.

Que Trae Beneficios

Beneficios del transporte en el Camino Terrenal

La tierra es el medio más familiar para el hombre, pero recorrerla a pie tiene sus límites. El transporte terrestre — vehículos, animales de carga, etc.— amplía la capacidad de movimiento y reduce el desgaste físico.

Imagina a un viajero que recorre vastas regiones en su vehículo. Al principio, caminaba con entusiasmo, pero pronto el terreno se volvió irregular, el sol más intenso, y la carga más pesada. Al subir a su transporte, algo cambia: el cuerpo descansa, la mente se despeja, y el paisaje se transforma en una travesía posible. El vehículo no solo lo lleva, lo alivia. Cada kilómetro recorrido sin fatiga se convierte en una bendición, cada curva superada sin tropiezo, en una victoria silenciosa.

El viajero ya no lucha contra el terreno, lo atraviesa con propósito. El transporte se convierte en compañero, en herramienta, en refugio. Y esa experiencia —de alivio, avance y renovación— es lo que el transporte espiritual también ofrece al creyente que se deja llevar por el Espíritu: no solo llegar, sino llegar entero.

Beneficios:

- ➤ **Mayor distancia**: recorrer regiones extensas sin agotamiento.
- ➤ **Más rápido**: mejorar la eficiencia del desplazamiento diario.
- ➤ **Protección**: resguardar de terrenos difíciles, climas extremos y fatiga.
- ➤ **Bienestar**: facilitar el viaje, permitir llevar carga y mejorar la experiencia del entorno.

Beneficios del transporte en el Camino Personal

Este camino se recorre en el interior del hombre. Aquí, el transporte no es físico, sino emocional, intelectual y social. Son los sistemas de apoyo —familia, educación, mentoría, comunidad— que impulsan hacia las metas.

Imagina a una persona que ha decidido crecer, avanzar, sanar. Al principio camina sola, con entusiasmo, pero pronto se enfrenta a dudas, heridas, decisiones complejas. Entonces aparece alguien: un mentor que le ofrece dirección, una comunidad que le brinda pertenencia, una palabra que le devuelve la esperanza. Cada uno de ellos se convierte en transporte invisible, pero real. No lo llevan en brazos, pero lo elevan desde dentro.

El viajero interior comienza a avanzar con más claridad, más fuerza, más sentido. Ya no tropieza en la oscuridad de la confusión, sino que camina con luz prestada por otros. El transporte emocional y social no solo lo impulsa, lo sostiene en los días en que no puede sostenerse solo.

Beneficios:

> ➤ **Mayor distancia**: alcanzar objetivos mayores, como formación profesional, desarrollo emocional o realización personal.
> ➤ **Más rápido**: evitar desvíos innecesarios, acelerar el aprendizaje y la madurez.
> ➤ **Protección**: resguardar de la soledad, la confusión y el desgaste emocional.
> ➤ **Bienestar**: brindar compañía, motivación y sentido en el proceso de crecimiento.

Beneficios del transporte en el Camino Espiritual (Camino de Santidad)

Este camino se recorre en la dimensión espiritual. El cuerpo humano no puede transitarlo por sí solo. Aquí, el transporte es el Espíritu Santo, quien guía, fortalece y acompaña al creyente en su peregrinaje hacia Dios.

¿Estás caminando o siendo llevado? ¿Tu avance depende de tu disciplina o de tu comunión? ¿Te has sentido cansado, confundido, estancado… como si el camino fuera más grande que tus fuerzas? No estás solo. El Camino Espiritual no fue diseñado para ser recorrido en solitario. Dios, en su sabiduría, proveyó un transporte que no solo nos lleva, sino que nos transforma mientras nos lleva.

El Espíritu Santo no es un impulso emocional ni una fuerza abstracta. Es presencia viva, dirección constante, consuelo profundo. Cuando Él toma el control, el alma experimenta ligereza interior, claridad en medio de la confusión, paz en medio del ruido, firmeza sin arrogancia y gozo que no depende de las circunstancias.

La Escritura está llena de imágenes que revelan esta verdad:

- **Moisés** fue preservado sobre las aguas en una canastilla.
- **Noé** fue salvado por una embarcación diseñada por Dios.
- **Elías** fue llevado por un torbellino, símbolo del Espíritu.
- **Felipe** fue arrebatado por el Espíritu y reposicionado para propósito.
- **Ezequiel** fue llevado para ver visiones que no habría alcanzado por sí solo.
- **Juan** fue transportado en el Espíritu para recibir revelación celestial.

"El Espíritu mismo da testimonio a nuestro espíritu, de que somos hijos de Dios." (Romanos 8:16)

El creyente que se deja conducir por el Espíritu no solo avanza más lejos, avanza mejor. Ya no depende de su esfuerzo, sino de su comunión. Ya no camina por impulso, sino por obediencia. Ya no tropieza en la oscuridad, sino que camina en luz prestada por Dios.

Beneficios:

> ➤ **Mayor distancia**: avanzar en santidad, vencer el pecado y acercarse a Dios más allá de lo que la carne puede lograr.
> ➤ **Más rápido**: acelerar el crecimiento espiritual, revelar verdades y evitar desvíos doctrinales.
> ➤ **Protección**: guardar el alma del engaño, la tentación y la caída.
> ➤ **Bienestar**: ofrecer consuelo, gozo, paz y comunión constante con el Padre.

Así que no se trata solo de avanzar más rápido o más lejos. Se trata de ser llevado por Aquel que conoce el destino. El transporte que Dios provee no es un lujo, es una necesidad. Porque en este Camino, el verdadero beneficio no es llegar... es llegar transformado.

Reflexión Personal: "La Gracia en Movimiento"

Cada camino que hemos recorrido en estas páginas nos recuerda una verdad sencilla pero profunda: el transporte no es un lujo, es una provisión. Negarse a usarlo sería como intentar cruzar un océano a nado cuando ya hay un barco esperándote en la orilla.

Dios, en Su sabiduría, no solo nos dio un destino, sino también el medio para alcanzarlo. En lo natural, ese medio puede ser una embarcación, un avión, un vehículo o una mano amiga. En lo espiritual, es el Espíritu Santo mismo, quien nos lleva más allá de lo que jamás podríamos lograr por nuestras propias fuerzas.

El transporte es, en esencia, la manifestación de la gracia en movimiento: nos lleva más lejos, más rápido, con mayor seguridad y con un gozo que transforma el trayecto. No se trata solo de avanzar, sino de avanzar sostenido por el amor de Dios, guiado por Su Espíritu, y transformado en el proceso.

Tal vez has intentado caminar solo, confiando en tu resistencia, en tu experiencia, en tu disciplina. Pero hoy, esta reflexión te invita a detenerte y preguntarte: ¿Estoy siendo llevado por el Espíritu... o solo estoy avanzando por impulso? Porque en este Camino, no gana el más fuerte, sino el que se deja conducir por la gracia.

Que Trae Beneficios

Palabras al Oído

"Hijo mío, hija mía... ¿Has pensado que debías avanzar solo? ¿Que tu cansancio era señal de que no estabas haciendo suficiente? No subestimes lo que he puesto a tu alcance. El transporte que te doy no es solo para que llegues, sino para que llegues bien. Mi Espíritu no solo te impulsa: te guarda, te consuela y te llena de gozo mientras avanzas.

Cada beneficio que recibes de Él es una muestra de mi amor: la fuerza para ir más lejos, la sabiduría para no perder tiempo, la protección contra el mal y la paz que sobrepasa todo entendimiento.

No camines solo cuando puedes viajar conmigo. No te conformes con sobrevivir al trayecto cuando puedes disfrutarlo en mi compañía.

Sube, confía y deja que mi Espíritu te lleve. Porque en mi transporte no solo alcanzarás la meta... descubrirás que el viaje mismo es parte de la bendición."

Capítulo 15

EL TRANSPORTE
Que Tiene Diseño

Capítulo 15

EL TRANSPORTE
Que Tiene Diseño

¿De qué sirve tener acceso al transporte si no sabemos cómo usarlo? Si el transporte es la provisión que Dios nos da para llegar a nuestro destino, entonces conocer su diseño es aprender a usarlo con plenitud.

Después de descubrir sus beneficios, sería un error conformarnos solo con saber que existe. Necesitamos entender cómo está hecho, cómo funciona y cómo se conduce. Porque un transporte mal entendido puede ser un transporte mal usado… y un transporte mal usado puede llevarnos a un destino equivocado.

Piénsalo: cuando tomamos vacaciones y abordamos un crucero o una lancha hacia una isla, solemos disfrutar la belleza del mar, el aire salado en el rostro y la brisa que acaricia nuestra piel. Para algunos, navegar es un deleite; para otros, una experiencia amarga por los mareos y la presión corporal alterada. Pero, independientemente de la experiencia, la mayoría ignora algo básico: la función esencial de una embarcación no es entretener, sino mantenerse apta para transportar personas sobre la superficie acuática.

Y aquí es donde se revelan tres elementos esenciales presentes en todo transporte:

- ❖ **El cuerpo** – la estructura que lo sostiene.
- ❖ **La fuerza motriz** – la energía que lo impulsa.
- ❖ **El sistema de dirección** – el mecanismo que lo guía.

Ten paciencia… porque lo que vas a descubrir es que estos tres elementos no solo están en barcos, aviones o vehículos, sino también en tu vida personal y, sobre todo, en tu caminar espiritual. Porque Dios no solo te dio un destino: te dio un diseño para llegar transformado.

El Cuerpo del Transporte: Protección Ergonómica

Todo diseño de transporte comienza con la estructura física que lo sostiene y lo adapta al ambiente donde se moverá.

En caminos acuáticos, el cuerpo se llama casco. Su diseño debe generar flotabilidad, considerando la densidad de los materiales y del agua. Además, debe ofrecer espacio seguro para el hombre y su carga.

En caminos aéreos, el cuerpo se llama fuselaje. Su forma aerodinámica permite vencer la resistencia del aire, con materiales ligeros y resistentes a la fricción, la presión y la temperatura.

En caminos terrenales, el cuerpo se llama carrocería. Debe sostener al hombre, los sistemas internos y las ruedas que permiten el desplazamiento.

Cuando el hombre camina por sí mismo, sin vehículo, su cuerpo es el diseño divino para moverse por caminos terrenales. Dios lo creó con capacidad de movilidad, y ese cuerpo es parte del transporte que lo lleva por la vida.

El Cuerpo del Espíritu Santo: Diseño Celestial

En el Camino Espiritual, el Espíritu Santo es el diseño celestial del transporte divino: perfecto, único y absolutamente suficiente. Aunque no es materia, su poder trasciende toda limitación física.

Él no solo nos acompaña: nos envuelve, nos sostiene y nos transporta con agilidad sobrenatural hacia la plenitud de la santidad.

Su naturaleza es Espíritu (Juan 4:24), lo que significa que no está sujeto a desgaste, peso, tiempo ni espacio. Él es El Elyon, el Dios Altísimo, todopoderoso y sin límites:

"Porque nada hay imposible para Dios." (Lucas 1:37)

"El Espíritu de Dios me hizo, y el soplo del Omnipotente me dio vida." (Job 33:4)

Como Espíritu, Él no solo nos lleva: nos transforma mientras nos lleva. Su esencia se fusiona con nuestro espíritu, testificando que no estamos solos (Romanos 8:16), y que el poder que nos transporta es el mismo que resucitó a Cristo de entre los muertos (Romanos 8:11).

Además, el Espíritu Santo es Amor (Romanos 5:5), y como tal, nos conduce guardando nuestras vidas, protegiéndonos como escudo invisible (Salmo 91:4), y guiándonos con ternura y precisión divina.

"El amor de Dios ha sido derramado en nuestros corazones por el Espíritu Santo." (Romanos 5:5)

Pero también es sensible. No es una fuerza impersonal, sino una persona divina que puede ser entristecida (Efesios 4:30), apagada (1 Tesalonicenses 5:19) o resistida (Hechos 7:51). Por eso, necesitamos desarrollar una comunicación continua, genuina y sana con Él:

"El Espíritu mismo intercede por nosotros con gemidos indecibles." (Romanos 8:26)

"No contristéis al Espíritu Santo de Dios…" (Efesios 4:30)

Como el carro de fuego que arrebató a Elías al cielo (2 Reyes 2:11), el Espíritu Santo es el vehículo ardiente del Reino: veloz, imparable y encendido con gloria. Se mueve como viento impetuoso (Hechos 2:2), penetrando todo obstáculo, guiándonos con precisión divina y envolviéndonos en su protección.

En Él, el viaje no solo es posible: es seguro, dinámico y glorioso. Él no solo nos lleva… nos transforma mientras nos lleva.

La Fuerza Motriz del Transporte: Energía Inagotable

Un transporte sin movimiento es una contradicción: su esencia implica energía, fuerza y desplazamiento.

En el mar, los remos, las velas o los motores generan la energía que impulsa el casco.

En el aire, las hélices y turbinas permiten que el fuselaje se desplace por la masa de aire.

En tierra, los motores —de combustión o eléctricos— generan el movimiento de la carrocería.

Cuando el cuerpo humano es el único medio de transporte, la fuerza motriz es el alma. El alma genera energía emocional que se traduce en comportamiento. La alegría, la tristeza, el temor o la esperanza conducen al hombre por caminos distintos, según la emoción que lo impulse.

El Poder del Espíritu Santo: Movimiento Divino

En el Camino Espiritual, la fuerza motriz es el Espíritu Santo. Su energía no es prestada ni limitada: es parte de su naturaleza divina. Él es tanto el casco como la vela, el fuselaje y la turbina, la carrocería y el motor. Su poder es inagotable, eterno y todopoderoso. Él nos lleva sin paradas, sin retrasos y sin agotarse.

"Pero recibiréis poder, cuando haya venido sobre vosotros el Espíritu Santo..." (Hechos 1:8)

"Y el Espíritu de Jehová vino sobre Sansón..." (Jueces 14:6, 14:19)

Cuando el Espíritu Santo toca al hombre, lo energiza más allá de lo natural. Sansón rompió ataduras, venció enemigos y realizó hazañas imposibles porque el Espíritu vino sobre él. Elías, tras ser tocado por el ángel de Jehová, corrió durante cuarenta días y cuarenta noches, atravesando el desierto hasta llegar a Horeb (1 Reyes 19:8). No fue su fuerza: fue el poder divino que lo impulsó.

Ese mismo poder está disponible hoy. No como un evento aislado, sino como una fuente continua que fluye a través de la comunión con el Espíritu. Cuando el creyente cultiva una relación genuina, diaria y sensible con Él, comienza a experimentar una energía que no se agota, una fuerza que no se explica, y un avance que no se detiene.

"El Espíritu ayuda en nuestra debilidad..." (Romanos 8:26)

"Fortalecidos con poder en el hombre interior por su Espíritu." (Efesios 3:16)

El Espíritu Santo no solo nos mueve: nos impulsa con propósito, nos fortalece con amor y nos sostiene con fidelidad. Su energía no depende de nuestro estado emocional, sino de su naturaleza eterna. Él es el motor del Reino, y cuando lo dejamos operar, el avance espiritual se vuelve inevitable.

El Sistema de Dirección del Transporte: Guía Precisa

Todo transporte necesita un sistema que le permita seguir el diseño del camino.

En el mar, las rutas se trazan en cartas náuticas, y el timón, la quilla y el timonel permiten girar a babor o estribor.

En el aire, el sistema de dirección es tridimensional: el timón de dirección permite girar, y el timón de profundidad permite ascender o descender.

En tierra, el volante, la caña y otros componentes permiten girar a la derecha o izquierda según el camino.

En la vida personal, el sistema de dirección se manifiesta en la toma de decisiones. Las personas deciden según lo que creen, valoran, sienten y desean. Así conducen su cuerpo y comportamiento por caminos que reflejan su estado interior.

La Palabra y el Espíritu: Dirección Espiritual

En el Camino Espiritual, el sistema de dirección es la Palabra de Dios, y el Espíritu Santo es quien la interpreta, la recuerda y la aplica. Él no solo nos da información: nos revela el diseño del camino trazado por Dios. Nos guía hacia toda verdad, nos corrige cuando nos desviamos, y nos confirma cuando dudamos.

"Lámpara es a mis pies tu palabra, y lumbrera a mi camino." (Salmo 119:105)

"El Espíritu Santo... os enseñará todas las cosas, y os recordará todo lo que yo os he dicho." (Juan 14:26)

"El Espíritu de verdad... os guiará a toda verdad." (Juan 16:13)

El creyente que camina sin dirección espiritual corre el riesgo de avanzar por rutas que parecen correctas, pero terminan en extravío (Proverbios 14:12). Por eso, el Espíritu no solo nos da dirección: nos alinea con el corazón de Dios. Él conoce cada curva del camino, cada sombra, cada bifurcación, y nos guía con precisión divina.

"Tus oídos oirán detrás de ti palabra que diga: Este es el camino, andad por él..." (Isaías 30:21)

"El hombre propone, pero Dios dispone." (Proverbios 16:9)

Pero esta dirección no es automática. Requiere sensibilidad, comunión y obediencia. El Espíritu Santo es sensible: no grita, susurra. No impone, guía. Por eso, el creyente debe cultivar una relación íntima, donde la Palabra no sea solo leída, sino vivida; y el Espíritu no sea solo invocado, sino escuchado.

Cuando el sistema de dirección está activo —la Palabra encendida y el Espíritu operando— el creyente no solo avanza: avanza en el rumbo correcto. Y en el Camino de Santidad, eso lo es todo.

Reflexión Personal: "El Diseño que Sostiene el Viaje"

Antes de seguir avanzando, detente un momento y reflexiona: ¿Quién es el Espíritu Santo que te ha sido dado como transporte en el Camino Espiritual?

Él no es una fuerza impersonal ni una emoción pasajera. Él es Dios: eterno, todopoderoso, sensible y cercano. Es Espíritu, lo que significa que no está limitado por materia, tiempo ni espacio. Su poder no se desgasta, su energía no se agota, y su guía nunca falla.

El Espíritu Santo es la manifestación activa del amor de Dios en movimiento. Él es el diseño perfecto que te envuelve, la fuerza que te impulsa y la dirección que te guía. No hay camino que Él no conozca, ni curva que le sorprenda, ni sombra que le detenga.

"El Espíritu de verdad... os guiará a toda verdad." (Juan 16:13)

"Porque nada hay imposible para Dios." (Lucas 1:37)

Cuando decides caminar con Él, no solo avanzas: avanzas con propósito, con paz y con poder. Él no solo te lleva, te transforma mientras te lleva.

"Pero recibiréis poder, cuando haya venido sobre vosotros el Espíritu Santo..." (Hechos 1:8)

Esta reflexión no es una conclusión, sino una invitación: conócelo, relaciónate con Él, escúchalo. Porque el Espíritu Santo no es solo parte del viaje... es el viaje mismo, en comunión con Dios.

Palabras al Oído

"Hijo mío, hija mía… yo te formé con un diseño único, pero no para que confíes solo en tu fuerza. El cuerpo que te di, la energía que puse en ti y la capacidad de decidir que te otorgué son dones preciosos… pero no son suficientes para recorrer el Camino Espiritual.

Por eso envié a mi Espíritu: para que fuera tu estructura firme, tu fuerza inagotable y tu dirección segura. Él no se desgasta, no se desvía, no se detiene. Él conoce cada tramo del camino, cada curva, cada sombra y cada luz. En Él, el viaje no solo es posible… es glorioso.

No quiero que vivas confiando en un casco que puede romperse, en un motor que puede apagarse o en un timón que puede fallar. Quiero que vivas confiando en Mí, el único transporte que nunca falla.

Si me dejas, te llevaré más lejos de lo que imaginas, más rápido de lo que esperas, y más seguro de lo que jamás podrías lograr por ti mismo. Porque en mi Espíritu no solo alcanzarás la meta… descubrirás que el trayecto también es parte de la bendición.

Sube, confía, y déjate llevar. Yo mismo he preparado el diseño que te sostiene, la fuerza que te impulsa y la guía que te conduce."

Capítulo 16

EL TRANSPORTE
Que se Quiebra

Capítulo 16

EL TRANSPORTE
Que se Quiebra

Querido lector, hemos recorrido juntos los caminos del alma, explorando cómo Dios ha provisto un transporte para cada tramo de la vida.

En el capítulo anterior descubriste cómo está hecho ese transporte: su cuerpo, su fuerza motriz y su sistema de dirección. Viste que cada parte cumple una función vital para que el viaje sea posible. Pero ahora, en este último tramo, quiero que mires con honestidad una verdad que muchas veces preferimos ignorar: todo transporte humano es vulnerable... incluso el tuyo.

Vulnerabilidad del Transporte: Analogías que Revelan

No importa cuán sólido parezca su casco, cuán potente sea su motor o cuán preciso sea su timón... el tiempo, las tormentas y los errores pueden quebrarlo. Así ocurre con barcos, aviones, automóviles... y así ocurre también con la vida de las personas.

Por eso existen tareas de mantenimiento: unas para prevenir el daño antes de que ocurra, y otras para corregirlo después. Y aunque en el mundo físico esto es normal, en el plano personal y espiritual muchas veces caminamos como si fuéramos invencibles, sin reconocer que también necesitamos cuidado, revisión y, a veces, una reconstrucción completa del alma.

Quiero que pienses en esto:

➤ Un barco puede hundirse, aunque flote bien hoy.

➢ Un avión puede perder potencia, aunque ayer volara sin problemas.

➢ Un vehículo puede desviarse, aunque su volante esté firme.

La vulnerabilidad no es un defecto de diseño; es una condición de todo lo que es humano y temporal. Y si esto es cierto para los transportes físicos, cuánto más para el transporte de tu vida: tu cuerpo, tu alma y tu espíritu.

En este recorrido veremos tres tipos de fallas que pueden detener o arruinar un viaje:

❖ Cuando falla el cuerpo del transporte.

❖ Cuando falla su fuerza motriz.

❖ Cuando falla su sistema de dirección.

En cada caso, te mostraré ejemplos reales de transportes físicos, para luego llevarte a la analogía con tu propia vida. Y al final, verás que hay un transporte que no se desgasta, no se rompe y no se desvía: el Espíritu Santo, el único capaz de llevarte seguro hasta el final… incluso más allá de la muerte.

Falla en el Cuerpo del Transporte: La Muerte

En 2024, dos embarcaciones petroleras rusas —el Volgoneft 212 y el Volgoneft 239— sufrieron daños catastróficos cerca del estrecho de Kerch. Las olas partieron sus cascos, provocando un derrame masivo de combustible. Aunque sus sistemas de propulsión y dirección estaban intactos, el colapso del casco fue irreversible. El medio que debía sostenerlos se convirtió en su ruina.

En los caminos aéreos, el vuelo 123 de Japan Airlines sufrió una descompresión fatal en 1985 debido a una reparación defectuosa en el fuselaje. A pesar de los esfuerzos por maniobrar la aeronave, el daño estructural fue demasiado grave. Murieron 520 personas.

En los caminos terrenales, accidentes automovilísticos siguen cobrando vidas, incluso con sistemas de seguridad avanzados. La vulnerabilidad del cuerpo del transporte queda expuesta en cada colisión, cada fractura, cada pérdida.

Ahora pensemos en el cuerpo humano como transporte.

¿Qué ocurre cuando colapsa?

Las emociones desbordadas, las decepciones, las traiciones, el estrés, la enfermedad, el vacío existencial... todo esto puede desgastar el cuerpo, el alma y el espíritu. Cuando no sabemos cómo lidiar con los problemas cotidianos, el cuerpo se convierte en un recipiente frágil, vulnerable al colapso.

La muerte —sea por enfermedad, accidente, asesinato o suicidio— es el tropiezo más grande en el camino. Una vez que se llega allí, no hay más trayecto que recorrer. El cementerio es símbolo del fin, donde no hay charlas, ni consejería, ni esperanza. Solo cuerpos descomponiéndose, y sueños que no llegaron a su destino.

Piensa en John F. Kennedy. Su vida estaba llena de proyectos, visión, liderazgo y esperanza para una generación. Su muerte abrupta en 1963 dejó al mundo preguntándose qué habría sido si hubiese vivido. El cuerpo que lo sostenía colapsó, y con él, se apagaron ideas, discursos, decisiones y caminos que nunca se recorrieron.

Detente por un momento y recuerda aquellas personas queridas y amadas por ti que ya no están. Es posible que se genere tristeza y nostalgia, pero más allá de eso, esta es una invitación a reflexionar sobre la vida. Es recordar que todos vamos a tener ese final, y que somos vulnerables.

Que se Quiebra

Pero en el Camino Espiritual, la Historia Cambia

Cuando estamos embarcados en el Espíritu Santo, no hay vulnerabilidad. No hay desgaste. No hay colapso.

"El que cree en mí, aunque esté muerto, vivirá." (Juan 11:25)

"Y si el Espíritu de aquel que levantó de los muertos a Jesús mora en vosotros, el que levantó a Cristo Jesús vivificará también vuestros cuerpos mortales por su Espíritu que mora en vosotros." (Romanos 8:11)

El Espíritu Santo no falla. No se deteriora. No requiere mantenimiento. No necesita mejoras. Él es el transporte perfecto, eterno, todopoderoso. No hay tormenta, huracán ni fuerza creada que pueda desviarlo o destruirlo. Él es el único medio seguro para transitar el Camino Espiritual —el Camino de Santidad— hasta el encuentro glorioso con el Padre.

Entonces, ¿por qué no embarcarnos en Él? ¿Por qué no navegar, volar y caminar en Su presencia? Si estás leyendo estas palabras, es porque aún estás vivo. Aún hay tiempo. Aún hay oportunidad.

El Espíritu Santo quiere llevarte por el camino hasta el final, hasta el encuentro eterno con Dios. Y aun si llega la muerte física, Él promete seguir llevándote —como lo hizo con Cristo— a través de la resurrección.

Que se Quiebra

Reflexión Personal: "Cuando el Casco se Rompe"

Tal vez has visto cascos partidos, fuselajes rotos, vehículos destrozados. Tal vez has sentido que tu propio cuerpo —aunque lo cuides— no siempre responde como esperas. Y es que, por más que lo protejas, tu cuerpo es frágil, y un día dejará de sostenerte.

No te digo esto para infundir miedo, sino para despertar conciencia. La muerte no es un "quizá", es una certeza. Pero también es cierto que no todos los viajes terminan en el cementerio. Hay un transporte que atraviesa la muerte y sigue su ruta hacia la eternidad: el Espíritu Santo.

Cuando viajas en Él, la muerte deja de ser un muro y se convierte en una puerta. No hay tormenta que pueda hundirte, no hay fuerza que pueda desviarte, no hay enemigo que pueda detenerte. Él es el transporte perfecto, y si te embarcas en Él, te llevará hasta el final... y más allá.

No esperes a que tu casco se agriete, a que tu fuerza se agote o a que tu rumbo se pierda. Hoy es el día para subir. Hoy es el momento para dejar de confiar en tu propio cuerpo como si fuera eterno, y confiar en Aquel que es eterno, invencible y lleno de amor.

Porque cuando el casco se rompe... el Espíritu te sostiene desde dentro.

Que se Quiebra

Palabras al Oído

"Hijo mío, hija mía... no ignores tu fragilidad. El latido que hoy sientes no es tuyo, es un préstamo que te he dado. No te afanes en blindar un casco que un día se romperá, sino en asegurar tu alma en el transporte que nunca falla.

Yo soy el que venció la muerte. Yo soy el que atravesó la tumba y salí con las llaves de la vida eterna. Si viajas en Mí, la muerte no será tu final... será tu entrada a casa.

No esperes a que el agua entre en tu barco, ni a que el fuselaje de tu vida se quiebre. No vivas como si el viaje dependiera de tu fuerza. Hoy te llamo a subir. Hoy te invito a soltar el timón de tu cuerpo y entregarte al Espíritu que te llevará seguro, incluso más allá del último aliento.

Ven... porque el viaje no termina aquí. Lo mejor está después de la puerta que todos temen, pero que para los míos es la entrada a la gloria. Yo estaré allí, esperándote. Porque el que viaja en Mi Espíritu... nunca viaja solo."

Que se Quiebra

Falla en la Fuerza Motriz del Transporte: El Desanimo

Cuando falla la energía que impulsa el movimiento de un transporte, aunque el cuerpo y el sistema de dirección estén intactos, todo queda inutilizado, vulnerable, a la deriva. La estructura puede estar firme, el timón obediente, pero sin fuerza motriz no hay avance, solo un lento abandono al capricho de las corrientes.

La historia lo confirma con tragedias que estremecen. El SS Sultana, barco de vapor construido en 1863, explotó el 27 de abril de 1865 por calderas en ruinas, sobrecargado con más de cinco veces su capacidad. Tres de sus cuatro calderas colapsaron, y en un instante, el mayor desastre marítimo en la historia de los Estados Unidos se consumó.

El 25 de mayo de 1979, el vuelo 191 de American Airlines perdió su motor izquierdo durante el despegue en Chicago. El fuselaje y los sistemas de navegación seguían operativos, pero la ausencia de ese impulso vital bastó para que la aeronave cayera, arrebatando la vida de 273 personas.

Así ocurre también en el alma. La fuerza motriz interior es la voluntad, el ánimo, la motivación: esa energía emocional y espiritual que nos empuja a soñar, a emprender, a levantarnos cada mañana con propósito. Sin ella, aunque el cuerpo esté sano y la mente lúcida, la vida se convierte en un flotar sin rumbo.

Imagina una embarcación perfecta, con casco intacto y timón firme, pero sin velas, sin remos, sin motores. Flota, sí, pero está a merced de vientos y corrientes. No tiene dirección propia. Tarde o temprano encallará o se estrellará. Así viven muchos: saludables, responsables, educados, cumpliendo sus roles… pero sin deseo de avanzar. La rutina se convierte en un océano inmóvil, y lo que parece paz es, en realidad, una resignación silenciosa.

Que se Quiebra

El desánimo es un ladrón invisible. Apaga los colores del día, silencia la música del agua, borra la belleza de una sonrisa y hasta el dolor de una lágrima. El alma, herida por decepciones o cansancio, se esconde para no sufrir más. Pero al esconderse, también apaga su propia luz. Lo que parecía un refugio se transforma en una prisión.

"Escondí mi alma para escapar del dolor, pero al hacerlo, perdí las ganas de vivir."

Esta confesión podría salir de muchos labios. Y detrás de ella laten preguntas que claman respuesta:

¿Qué estoy tratando de evitar?

¿Qué herida me ha paralizado?

¿Me estoy condenando a mí mismo?

¿Necesito ser abrazado para enfrentar mi dolor?

Piensa en Whitney Houston. Una voz que tocaba el cielo, una carrera brillante, millones de admiradores. Lo tenía todo: talento, belleza, éxito. Pero por dentro, algo se había apagado.

La depresión, el dolor, el vacío interior fueron más fuertes que los aplausos. Su alma, sin fuerza motriz, se fue apagando lentamente… hasta que la vida se detuvo. Su muerte dejó al mundo en silencio, con una tristeza que aún duele:

¿cómo alguien tan lleno de luz pudo apagarse así?

La respuesta no está en la fuerza humana. Está en el amor divino. Solo cuando somos amados, perdonados y restaurados, podemos volver a amar, perdonar y restaurar.

Y entonces nacen gritos profundos:

¡No quiero vivir con mi alma dormida!

¡Quiero vivir intensamente!

¡Quiero volver a ver los colores de la vida!

¡Quiero dibujar figuras con las nubes!

¡Quiero respirar el olor del mar!

¡Quiero escuchar el canto de los ríos!

¡Quiero amar!

¡Quiero ayudar al necesitado!

¡Quiero soñar sueños hermosos!

¡Quiero trazarme metas!

¡Quiero luchar por algo!

¡Quiero vivir!

Si al leer esto tus ojos se humedecen, no te avergüences. Yo también lloré al escribirlo. No sé por qué, pero mi espíritu y mi alma siguen vivos. Y de alguna manera, el Espíritu de Dios continúa restaurando piezas rotas en mí.

Porque el Espíritu Santo no solo es el transporte perfecto en el Camino de Santidad: Él es también la fuerza motriz divina que nuestra alma necesita. Él consuela, escucha, comprende, ama, anima, fortalece. Él nos llena de entusiasmo, nos impulsa a vivir, nos forja como guerreros que no retroceden.

"No es con ejército, ni con fuerza, sino con mi Espíritu, ha dicho Jehová de los ejércitos." (Zacarías 4:6)

"Fortalecidos con poder en el hombre interior por su Espíritu." (Efesios 3:16)

"El gozo del Señor es mi fortaleza." (Nehemías 8:10)

Que se Quiebra

Cuando el alma se apaga, Él sopla vida. Cuando el ánimo se quiebra, Él nos levanta. Cuando todo parece perdido, el Espíritu Santo enciende la chispa que nos vuelve a poner en marcha.

Que se Quiebra

Reflexión Personal: "Cuando el Motor se Apaga"

A veces el casco está intacto, el timón firme… pero el corazón cansado. Hay días en los que flotas, pero no avanzas. El viento no sopla, y las corrientes te llevan a lugares que no elegiste. El alma, herida por decepciones o cansancio, se esconde para no sentir, y en ese silencio, poco a poco, se apaga.

¿Te has sentido así últimamente? ¿Has notado que tu cuerpo sigue funcionando, pero tu alma ya no vibra? ¿Cuándo fue la última vez que te levantaste con entusiasmo, con propósito, con ganas de vivir?

No fuiste creado para vivir a la deriva. Dios sopló en ti aliento de vida, y ese aliento no se agota. Cuando tu fuerza se acaba, la Suya comienza. Cuando tu motor se detiene, Su Espíritu es el que te impulsa.

¿Estás intentando fabricar tu propio viento? ¿Estás remando con tus últimas fuerzas? Tal vez hoy sea el momento de soltar los remos y abrir las velas.

El Espíritu Santo es tu fuerza motriz, tu impulso, el que devuelve los colores, el que hace que vuelvas a escuchar el agua, el que despierta tus sueños dormidos.

¿Vas a aceptar como normal vivir sin pasión? ¿Te quedarás anclado en la resignación? Dios quiere devolverte el deseo de vivir… y no solo de vivir, sino de vivir en abundancia, con propósito, con fuego, con dirección.

Porque cuando el motor se apaga… el Espíritu sopla vida otra vez.

Palabras al Oído

"Hijo mío, hija mía... ¿Cuánto tiempo llevas remando con tus propias fuerzas? ¿Cuántas veces has sentido que tu alma es como un barco inmóvil en medio de un mar sin viento? Sé que el cansancio te ha robado el aliento, y que el silencio te ha hecho pensar que estás solo.

Pero escucha: Yo no te hice para quedarte a la deriva. Yo soy el soplo que mueve tus velas, el fuego que enciende tu motor, la corriente que te lleva hacia mi propósito.

No te pido que fabriques energía, te pido que te abras a la Mía. No te pido que inventes razones para seguir, te pido que me dejes ser tu razón. ¿Por qué seguir solo, si puedes avanzar conmigo?

Si me dejas, volverás a ver los colores que creías perdidos, volverás a escuchar la música de la vida, volverás a soñar. Yo soy tu fuerza motriz, y mientras viajes en Mí, nunca estarás detenido.

Ven... deja que mi Espíritu te impulse otra vez.

El viaje no ha terminado.

Y lo mejor aún está por delante, justo donde mi amor te espera."

Que se Quiebra

Falla en el Sistema de Dirección del Transporte: La Desorientación

Imagina una embarcación de diseño extraordinario. Su casco, hecho con materiales de altísima calidad, resiste cualquier carga sin perder flotabilidad. Sus motores, potentes y firmes, la impulsan con fuerza y velocidad sobre el mar. A simple vista, parece perfecta: hermosa, resistente, poderosa. Una joya para cualquier navegante. Pero hay un detalle que lo cambia todo: le falta el timón.

El timón, pequeño en comparación con el cuerpo y los motores, es el que da dirección. Sin él, la embarcación no puede controlar su rumbo. Flotará, se moverá, pero sin destino. Y tarde o temprano, encallará en un banco de arena o se estrellará contra las rocas.

Navegar así es una locura: es convertir el viaje en una ruleta rusa, es jugar con la muerte. Sin timón, la embarcación se convierte en víctima de las corrientes, del viento, del azar. Lo que parecía una travesía gloriosa termina en ruina.

Así viven muchas personas. Rebosan vida, salud, entusiasmo y motivación. Irradian energía, contagian alegría… pero no saben hacia dónde van. No tienen metas claras, ni un plan para alcanzarlas. Gastan fuerzas en múltiples proyectos, pero no llegan a ningún destino. La falta de dirección conduce al error, y el error, cuando se repite, se convierte en patrón.

Piensa en Robin Williams. Un genio del humor, un actor brillante, una voz que tocaba el alma. Hizo reír al mundo, inspiró generaciones, y parecía tenerlo todo. Pero por dentro, algo se había perdido.

La desorientación emocional, la lucha interna, el dolor silencioso… lo llevaron a un punto sin retorno. Su muerte dejó una herida colectiva, y una pregunta que aún duele: ¿cómo alguien tan lleno de luz pudo perder el rumbo?

El error es ese desvío que nos aleja de la meta trazada. Como en un matrimonio que comenzó con amor y promesas eternas, pero que, sin saber cómo resolver los conflictos, termina en divorcio. ¿Dónde estuvo el error? ¿Quién lo cometió? ¿Cuándo ocurrió?

Las respuestas pueden ser muchas, pero todas convergen en una raíz: falta de dirección.

Necesitamos dirección para elegir con quién casarnos, para construir un matrimonio sólido, para vivir en medio del ruido, la presión y la confusión. Necesitamos dirección para cada paso de la vida.

No importa si estás soltero, casado, divorciado o confundido: mientras tengas vida, hay esperanza.

Pero esa dirección no puede venir de cualquier fuente. No se busca sabiduría empresarial en un mendigo, ni consejo matrimonial en una prostituta. No se encuentra descanso en el alcohol, ni propósito en las drogas. El mundo está lleno de ejemplos que lo confirman.

Y entonces nace un clamor profundo: ¡Necesito dirección! Dirección de alguien que me conozca, que me ame, que hable verdad, que tenga experiencia, que quiera lo mejor para mí, que me garantice éxito en sus consejos.

Estoy cansado de terapias frías, de charlatanes mercantilistas, de la sabiduría humana, de religiosos místicos que ni ellos entienden lo que dicen.

¡Quiero vivir intensamente!

¡No quiero seguir cometiendo errores!

¡Quiero tener un matrimonio hermoso!

¡Quiero ser un emprendedor!

¡Quiero ser una buena persona!

¡Quiero agradar a Dios!

Sé que lo puedo lograr, pero necesito la dirección correcta.

Esa dirección no está en la sabiduría humana. Está en Dios. Y Él ha provisto un guía perfecto: el Espíritu Santo.

"Mas el Consolador, el Espíritu Santo... os enseñará todas las cosas, y os recordará todo lo que yo os he dicho." (Juan 14:26)

"El Espíritu de verdad... os guiará a toda verdad." (Juan 16:13)

"Lámpara es a mis pies tu palabra, y lumbrera a mi camino." (Salmo 119:105)

El Espíritu Santo guía al creyente por el Camino Espiritual, fortaleciendo su fe y revelando la voluntad de Dios. No lo hace en abstracto: nos conduce a Jesús, quien es el Camino. No habla por cuenta propia, sino que glorifica al Hijo y nos recuerda sus palabras.

Así, el Camino de Santidad se recorre en comunión con el Espíritu, pero siempre en dirección a Cristo. Seguir ese camino es seguirle a Él, y eso implica una transformación del carácter, una rendición del "yo" para que Cristo sea formado en nosotros. Esta obra solo es posible cuando el hombre se dispone a ser moldeado, y el Espíritu Santo actúa como el artesano divino que forma en nosotros la imagen del Hijo.

Que se Quiebra

Reflexión Personal: "Cuando el Rumbo se Pierde"

A veces corres con fuerza… pero no sabes hacia dónde. Tus manos están llenas de proyectos, pero tu corazón vacío de propósito. Avanzas, sí, pero no llegas a ninguna parte. ¿Te has sentido así? ¿Has notado que tu vida se mueve, pero no se dirige?

No fuiste creado para vivir a la deriva. Dios no te dio vida para que seas arrastrado por corrientes que no elegiste. Él es tu timón, tu norte, la voz que te dice: "Este es el camino, anda por él."

¿A quién estás escuchando? ¿Quién está marcando tu rumbo? Buscar dirección en voces que no conocen tu alma es condenarte a encallar. Confiar tu destino a manos que no te aman es entregarlo al azar.

El Espíritu Santo te conoce desde antes que nacieras. Sabe lo que sueñas, lo que temes, lo que callas… y sabe también a dónde quiere llevarte. Él no solo conoce el mapa: Él es el guía que camina contigo, paso a paso, sin perderte jamás.

Si le permites guiarte, no solo evitarás el naufragio: llegarás al puerto que Él preparó para ti. Un puerto donde no hay pérdida, donde no hay confusión, donde cada paso tiene sentido.

Porque cuando el rumbo se pierde… el Espíritu Santo se convierte en tu dirección eterna.

Que se Quiebra

Palabras al Oído

"Hijo mío, hija mía... ¿Cuánto tiempo llevas corriendo sin rumbo? ¿Cuántas veces has sentido que avanzas, pero no sabes hacia dónde? No quiero verte agotado en un viaje que no te lleva a ninguna parte. Yo soy tu timón, tu brújula, tu carta de navegación.

No entregues tu dirección a corrientes que no te aman. No confíes tu destino a manos que no saben quién eres. Yo te formé, te llamé por tu nombre y tracé un camino que conduce a vida.

Si me dejas guiarte, aun en medio de tormentas, tu rumbo será seguro. No prometo ausencia de olas, pero sí la certeza de llegar. No prometo un cielo siempre despejado, pero sí la garantía de que no encallarás.

¿Hasta cuándo sostendrás ese timón improvisado que has fabricado con tus fuerzas? Suéltalo. Toma el que Yo te ofrezco. Y verás cómo, aun cuando el mundo se pierda en la niebla, tú avanzarás firme hacia el puerto eterno que preparé para ti.

Porque cuando tú no sabes a dónde ir... Yo sigo sabiendo exactamente dónde llevarte."

*"Entenderé el camino de la perfección Cuando vengas a mí.
En la integridad de mi corazón andaré en medio de mi casa"*
(Salmos 101:2)

Mis Últimas Palabras de este Tomo

Hijo mío… hemos caminado juntos por páginas que no son solo letras, sino huellas en el polvo de tu historia. Cada palabra fue sembrada con amor, cada imagen trazada con propósito. Te he mostrado que no eres un accidente, que tu vida tiene un diseño trazado por Mi mano antes de que vieras la luz.

Cada camino que puse delante de ti —acuático, aéreo, terrestre, personal y espiritual— no fue casualidad, sino parte de un mapa eterno que dibujé pensando en ti. Te hablé de la disponibilidad, porque no basta con que el camino exista: debes estar dispuesto a transitarlo. Te mostré que hay rutas que parecen seguras, pero llevan a la ruina, y sendas que parecen difíciles pero conducen a la vida.

Te recordé que no caminas solo. Puse señales, contactos, límites y ayudas para que no te pierdas. También te hablé de las fallas. Te mostré que el cuerpo puede quebrarse, que la fuerza puede agotarse, que la dirección puede perderse. No para asustarte, sino para que reconozcas que no eres invulnerable. Quise que entendieras que, por más que te esfuerces, hay tormentas que no puedes calmar, distancias que no puedes cubrir y rutas que no puedes trazar por ti mismo.

Pero no te dejé allí. Te presenté al Espíritu Santo, Mi transporte perfecto. Él es el casco que no se rompe, la fuerza que no se agota, el timón que no se equivoca. Él no solo te lleva: te transforma mientras te lleva. Él no solo te guía: te conduce siempre hacia Mi Hijo, que es el Camino, la Verdad y la Vida.

Hoy, antes de cerrar este tomo, quiero invitarte a algo más que leer: quiero invitarte a decidir. No pospongas el viaje. No sigas confiando en tus fuerzas, en tu experiencia o en tu propio mapa. Sube a Mi transporte. Entrégame el control. Déjame llevarte por el Camino de Santidad hasta el puerto eterno donde Yo te espero.

Hijo mío… el camino sigue. Lo que has leído es solo el primer tramo. Aún hay paisajes que no has visto, lecciones que no has aprendido, victorias que no has celebrado. Pero para llegar, debes ir conmigo.

Ven. El viaje no termina aquí… apenas comienza. El camino sigue… y Yo sigo contigo.

Oración Final: Subo al Transporte Divino

Padre eterno… Hoy cierro estas páginas, pero no cierro mi corazón. He caminado por rutas que me han confrontado, me han revelado, me han sanado. Y ahora, con humildad, reconozco que no puedo seguir por mi cuenta.

Tú me mostraste que mi cuerpo se desgasta, que mi alma se agota, que mi dirección se confunde. Me mostraste que no soy invulnerable… pero también me mostraste que no estoy solo. Gracias por presentarme al Espíritu Santo, tu transporte perfecto, tu presencia viva en mí.

Hoy decido subir. Subo al transporte que no se rompe, que no se desvía, que no se detiene. Entrego mi timón, mi mapa, mi fuerza, mi voluntad.
Espíritu Santo, guíame. Impúlsame. Sostenme. Condúceme por el Camino de Santidad hasta el puerto eterno donde el Padre me espera.

Y sobre todo, llévame a Jesús. Porque Él no es solo el destino… Él es el Camino. Quiero seguirle, conocerle, parecerme a Él. Quiero que mi vida sea una travesía hacia Su corazón, y que cada paso me acerque más a Su imagen.

No quiero vivir a la deriva. No quiero avanzar sin propósito. Quiero vivir en tu diseño, caminar en tu verdad, y llegar a tu destino.

Gracias por no rendirte conmigo. Gracias por seguir hablándome al oído. Gracias por esperarme… incluso cuando yo me perdí.

Hoy, con todo mi ser, declaro: El camino sigue… y yo sigo contigo. Y contigo, sigo a Jesús.

Amén.

"Bienaventurado el varón que no anduvo en consejo de malos,
Ni estuvo en camino de pecadores,
Ni en silla de escarnecedores se ha sentado"

(Salmos 1:1)

www.ingramcontent.com/pod-product-compliance
Lightning Source LLC
LaVergne TN
LVHW041211080426
835508LV00011B/907